BIEN PREDICADA, LA GENTE VENDRÁ

*Predicando la Palabra del Año
C como le encanta al oyente*

PADRE EDUARDO A. SAMANIEGO, S.J.

Copyright © 2018, 2009 by Padre Eduardo A. Samaniego, S.J.

Scripture taken from the NEW AMERICAN STANDARD BIBLE®, Copyright © 1960,1962,1963, 1968, 1971, 1972, 1973, 1975, 1977, 1995 by The Lockman Foundation. Used by permission.

All rights reserved. No part of this publication may be reproduced, distributed, or transmitted in any form or by any means, including photocopying, recording, or other electronic or mechanical methods, without the prior written permission of the author, except in the case of brief quotations embodied in critical reviews and certain other noncommercial uses permitted by copyright law.

Printed in the United States of America

ISBN 13:   Softcover: 978-1-948172-38-7
           Hardcover: 978-1-948172-39-4
           eBook: 978-1-948172-37-0

Library of Congress Control Number: 2018939124

Stonewall Press
363 Paladium Court
Owings Mills, MD 21117
www.stonewallpress.com
1-888-334-0980

Dedico este libro a la memoria de mi padre, Eduardo José Samaniego. Él fue el que me sugirió que lo escribiera por ser un gran servicio a la iglesia. Lo presento en el espíritu de mi papi.

Contenido

RECONOCIMIENTOS ix
INTRODUCCIÓN xi

PARTE I: ¿Cómo predicarla?

CAPÍTULO 1: LOS CUATRO PRINCIPIOS 3
CAPÍTULO 2: LAS TRES PREGUNTAS 6
CAPÍTULO 3: ¿EN QUÉ VOZ ESTÁS HABLANDO? 8
CAPÍTULO 4: ¿CONOCES A TUS OYENTES? 13
CAPÍTULO 5: Consigue Ayuda para Prepararte 17
  1.) PLANIFICACIÓN de la LITURGIA 17
  2.) ESCRÍBANLO TODO 19
  3.) USEN HISTORIAS 20
  4.) CONSIGUE A ALGUIEN QUE TE ESCUCHE 20
  5.) LA ESCUELA DE "MSE" 21
  6.) QUE NO DURE MÁS QUE 10 MINUTOS 22
  7.) MANTENGAN ARCHIVOS: LO DICHO Y A QUIÉN ... 23
CAPITULO 6: PALABRAS DE CONCLUSIÓN 24

PARTE 2: HOMILÍAS PARA EL AÑO "C"

1° en ADVIENTO ¡Esperen, lo mejor ha de venir! 26
2° en ADVIENTO ¡Hay que pausar para cambiar! 28
LA IMACULADA CONCEPCIÓN 30
GUADALUPE 32
3° en ADVIENTO ¿Estamos dispuestos a cambiar? 34
4° en ADVIENTO El placer del pan 36
NAVIDAD ¡El rey de patas para arriba! 38
NAVIDAD Padres de todos 40
SAGRADA FAMILIA Dios, la familia, desea eso para nosotros 43
1° de ENERO - MARÍA, MADRE de DIOS-María extiende sus
    brazos a nosotros 45
LA EPIFANIA - Dios recibe a todo extranjero 46

v

BAUTISMO del SEÑOR - Visiones para vivir............... 48
2° en TIEMPO ORDINARIO - Comparte la felicidad
   y se hace doble 50
3° en TIEMPO ORDINARIO ¿Somos quejones o cojonudos de la
   esperanza?............... 53
4° en TIEMPO ORDINARIO: Funcionales en Cristo............... 55
5° en TIEMPO ORDINARIO: Somos pescadores para Cristo............... 56
6° en TIEMPO ORDINARIO – Dichoso el don nadie de Dios............... 57
7° en TIEMPO ORDINARIO – La ley del eco............... 59
8° en TIEMPO ORDINARIO: ¿Hay una viga en mi ojo?............... 61
MIÉRCOLES de CENIZA – ¿Hemos muerto a sí mismo?............... 64
1° en CUARESMA - ¿Qué es nuestra historia de la Cuaresma?............... 65
2° en CUARESMA - ¿Puedes verla?............... 67
3° en CUARESMA - Estén paciente conmigo;............... 69
¡Dios no ha terminado conmigo! 70
4° en CUARESMA - ¡Hermanos(as) serán hermanos(as)!............... 71
5° en CUARESMA - Se necesita dos, ¿no?............... 73
DOMINGO de RAMOS - Tenemos a un Papa raro............... 75
EL SANTO TRIDUO............... 77
JUEVES SANTO - Inquietud es el primer paso para dejar a Dios
   entrar............... 78
VIERNES SANTO - ¿Encontramos la paz en el sufrimiento
   de Jesús?............... 79
VIGILIA PASCUAL - ¿Damos testimonio de la presencia de Dios?.. 81
PASCUA - ¿Hemos nacido de nuevo?............... 83
2° en PASCUA - Hasta Cristo dudó............... 85
3° en PASCUA ¡Déjense pescar y vayan a pescar!............... 87
4° en PASCUA - ¡El amor de Dios no tiene fronteras!............... 89
5° en PASCUA - Hay que cambiar o morir............... 91
6° en PASCUA - ¡Recuerden!............... 94
ASCENSIÓN - ¿Qué hacemos con nuestro tiempo intermedio?............... 96
PENTECOSTÉS - El Espíritu es la nota adhesiva de Dios............... 98
LA TRINIDAD - Buenas obras son el camino de Dios............... 100
CORPUS CHRISTI - ¿Somos pan de vida o no?............... 102
11° en Tiempo Ordinario: ¡Buenos padres, como Dios, aman con
   pasión! 104
12° en Tiempo Ordinario: Pablo era un radical. ¿Qué tal nosotros?... 106
13° en TIEMPO ORDINARIO - Estamos llamados............... 108
14° en TIEMPO ORDINARIO - De la paz nace la paz............... 110
15° en TIEMPO ORDINARIO - ¡Un samaritano para todos los
   tiempos!............... 112

16° en TIEMPO ORDINARIO – ¿Estamos listos para los no invitados? 114
17° en Tiempo Ordinario - Al orar, cambiamos al mundo................. 116
18° en Tiempo Ordinario - ¡Acumulen actos de bondad! 118
19° en Tiempo Ordinario - ¡Llevemos el bulto al cielo! 121
20° en Tiempo Ordinario - Conflicto, ¿obstáculo u oportunidad? 123
21° en Tiempo Ordinario - No pierdan su corazón, ¡disciplínenlo! 125
22° en Tiempo Ordinario - ¡Sean humildes y sean justos! 127
23° en Tiempo Ordinario - Dios siempre nos da otra oportunidad. ... 129
24° en Tiempo Ordinario - Dios nos ama siempre. 131
25° en Tiempo Ordinario - Estamos creados para servir. 133
26° en Tiempo Ordinario - Te crie a ti, ¿no? 135
27° en Tiempo Ordinario - La fe es un verbo 137
28° en Tiempo Ordinario - Quiero que ve vean. 139
29° en Tiempo Ordinario - ¡La Fe se vive! 141
Día de Todos los Santos - ¿Son nuestras vidas linternas? 143
30° en Tiempo Ordinario - Sean maestros como el gran Maestro 145
31° en Tiempo Ordinario - Somos rompecabezas de Dios. 148
32° en Tiempo Ordinario - ¿Te subirás en la cruz? 150
33° en Tiempo Ordinario - ¡Sean locos para la misión! 152
CRISTO REY - ¿Nuestro corazón palpita con Cristo? 154

RECONOCIMIENTOS

Quisiera agradecer a varias personas que me han influido y enseñado a ser el predicador en el que me estoy convirtiendo. Les agradezco a mis padres, Eduardo y Enriqueta, cuya fe en Cristo plantó la semilla de mi fe en Jesús. En mi adolescencia mi padre me regaló el libro: *Hablando en Público como les Gusta a los Oyentes*[1], que anteriormente se usaba en los EEUU (Estados Unidos por los "Toastmasters," un club que enseña el arte de hablar en público. Nunca fui miembro, pero siempre uso los cuatro principios de este libro, cuando se me pide presentarme en público.

También le agradezco al P. José Powers, SJ (Society of Jesus), quien, en una clase de Cristología, nos hizo tres preguntas para averiguar si nuestro esfuerzo de evangelizar era efectivo. El personificaba lo que enseñaba. Que en paz descanse.

Le agradezco a Margie Brown, profesora adjunta de La Escuela de Religión del Pacífico en Berkeley, California. Ella se sobrepuso a severos problemas físicos debidos a una distrofia muscular y se convirtió en una fabulosa cuentista, maestra, y evangelista en su ministerio de "cómica." Ella me enseño a preguntarme: ¿Qué voz estás usando?

Quiero agradecer a la Hermana Barbara Goergen, OSF (Orden de San Francisco) hermana franciscana, de Rochester, Minnesota, quien pre-escucha y critica mis homilías. Ella razona y piensa en formas distintas a las mías. De su fe y "retroalimentación", he aprendido a afinar mis homilías y a conectarme mejor con la gente que "escucha" de una manera diferente a la mía.

Agradezco a mis parroquias: Cristo Rey y la Santísima Trinidad, por animarme a ser creativo. Finalmente, quisiera agradecer a Isabel García por ayudarme a traducir y editar la versión en español.

---

1 Ricahrd C. Borden, *Public Speaking as Listeners Like It* - New York and London, Harper & Brothers, (1935)

Algunas citas se presentan traducidas con permiso:

Buscaglia, Leo, *Living, Loving, and Learning,* Thorofare, N.J.: SLACK Incorporated, 1982, todos derechos reservados.

Terrien, Samuel, *The Elusive Presence,* Harper & Row, San Francisco, 1978, Copyright transferred to Terrien in 1988, todos derechos reservados.

Biblia Latinoamericana, copyright 1972, Ediciones Paulinas, Editorial Verbo Divino, IV Edición. Usado con permiso, todos derechos reservados.

INTRODUCCIÓN

Cuando estudié teología, una palabra me atrajo y nunca me ha olvidado: Presencia. La teología y el ministerio se hacen por Presencia. También se predica con Presencia.

"Presencia es lo que crea un pueblo. Presencia es en realidad a lo que el hombre[2] debe afinarse si quiere vivir, porque no existe la vida solitaria. Presencia es lo que hace nacer la Teología... que no es la ciencia del sujeto divino. La Teología no es para conocer a Dios sino es estar consciente de cuando el uno es llamado a hacer la voluntad de Dios en la Historia.[3]

He sido Jesuita por treinta ocho años, veintiocho años de sacerdote ordenado. Después de doce años como vicario y párroco de Cristo Rey en San Diego, y diez años como párroco de la Santísima Trinidad en San José, California, me siento "llamado" a compartir una manera de organizar y estructurar una homilía que es práctica, aprensible, y que se adapta a la personalidad y estilo propio del homilista.

Mi meta en este libro no era reinventar la rueda, sino dar al futuro homilista un método sencillo de examinarse al organizarse, y así *garantizarle* un método de preparar una homilía, el cual será interesante, provocativo, y espiritualmente evocativo. También quisiera enseñarle como el uso de *historias* aumenta la habilidad de ayudar a la congregación a construir un puente desde las escrituras, o *la historia* de Cristo, a sus propias historias. Para ilustrar el poder de una anécdota, compartiré una que ha sido fuente de imaginación e inspiración maravillosa para mí.

---

2 Siempre que cito directamente de una persona o fuente, escribiré en el lenguaje usado por ellos. En mi escritura propia, sin embargo usaré lenguaje inclusivo.
3 Samuel Terrerin, *The Elusive Presence*, (San Francisco: Harper & Row, 1978) p. 124, 140 y 143.

Un niño, jugando en un edificio viejo, entró en el estudio de un escultor. Se quedó mirando como el martillo y el cincel esculpía expertamente un gran bloque de mármol. El niño se marchó y no regresó al estudio en varias semanas. Cuando regresó, se paró en le entrada mirando boquiabierto a un león ante él. Caminando con ojos destellantes le pregunta al escultor, "¿Cómo supiste que había un león en el mármol?" El escultor respondió sonriendo, "Antes de saber que había un león en el mármol, tuve que sentarme ante el gran bloque por horas y horas. Madrugaba y lo veía bajo el sol del amanecer. Lo veía bajo el sol del medio día. Y me sentaba a mirarlo al atardecer. Luego descubrí que tenía un león en mi corazón, y ese león reconoció al león dentro del mármol rogándole ser liberado. El resto era fácil: solo tenía que quitarle del mármol lo que no era león.[4]

El homilista (predicador) tiene que sentarse ante el bloque de mármol que es su vida y el bloque de mármol que son las escrituras. Cristo ya está allí en su corazón de corazones. Una vez que el homilista descubre a Cristo en su corazón, entonces Cristo puede ser reconocido en el texto de las escrituras y en su vida, rogándole al predicador ser liberado. El resto es fácil, hay que quitar lo que no es Cristo.

No entraré en detalles de cómo me preparo espiritualmente, por ejemplo, como contemplo el mármol de mi vida y de las escrituras para dar una homilía/sermón. Supongo que nosotros los homilistas somos personas de oración, que se encuentran con el Dios vivo, a través de quien respiramos y existimos. También supongo que leemos, releemos, estudiamos, y batallamos con las escrituras al tiempo que las oramos durante toda la semana.

Finalmente, supongo que conocemos y amamos al pueblo de Dios y que somos tan humildes al caminar con los homilistas como los somos en nuestro caminar con Dios.

Habiendo dicho esto, no voy a suponer que estamos preparados estructuralmente tanto como estamos preparados

---

4   Henri Nouwen, <u>Clowning in Rome</u>, (Garden City, New York, Image books, 1979) págs 87 y 103. La historia ha sido adaptada.

espiritualmente para emitir lo que Dios quiere que digamos. Espero ayudar al homilista a construir sobre su propia experiencia y abrirse a estructuras y metodologías eficaces para hacer llegar la Palabra a la gente anhelante de escucharla. El libro está escrito en dos partes.

La primera parte de este libro es en un manual, en el que van a encontrar:
- cuatro principios para una presentación interesante
- tres preguntas para un evento evangelizador eficaz
- algunos pensamientos en el uso de una "historia"
- algunos puntos de Myers-Briggs Psychological Typing,[5] que pueden ayudar a mejorar nuestra comunicación con la gran variedad de gente que compone la congregación, los cuales procesan las palabras y las ideas en formas diferentes al homilista
- sugerencias para descubrir temas para sus homilías, basadas en las escrituras usadas, y para mantener archivos sobre lo que se ha dicho y a quién se lo ha dicho

La segunda parte del libro presentará ejemplos de homilías para el Año "C" del calendario católico que podrán usar para ver como aplico las reglas, y para tener una colección de homilías que inspiran. Termina esta parte con la bibliografía que les proporcionará una riqueza de fuentes con las cuales un homilista puede mejorar su ministerio de la Palabra. Recuerden:

"Predica la Palabra siempre, y cuando sea necesario, usa palabras."[6]

---

5 La Dra. Isabel Myers y el Dr. Briggs junto con el Dr. David Kiersey y la Dra. Marilyn Bates han estudiado las maneras en que los diferentes individuos toman la realidad, la procesan, y responden a ella. Su trabajo está basado en las teorías de Tipos Psicológicos de Carl Jung.
6 San Francisco de Asís

PARTE I:
¿Cómo predicarla?

CAPÍTULO 1
LOS CUATRO PRINCIPIOS

"Me buscarás y me encontrarás cuando me solicitarás de todo corazón. Me dejaré encontrar de ustedes, oráculo de Yahvé" (Jeremías 29:13-14)

En el prólogo del libro *Public Speaking as Listeners Like It (Hablando en Público como les Gusta a los Oyentes*, trans. E. Samaniego) encontrarán: "Si aplicas los principios, les encantará a sus oyentes. Creerán en ti. Te comprenderán. Te seguirán. Y obtendrás las respuestas de estos oyentes. A menos que te comuniques con ellos, tu predicación no será efectiva. Será una mera actuación."[7]

¿Cuántas "meras actuaciones" hemos visto a través de los siglos de la predicación de la Iglesia? ¿Cuántas homilías o sermones ejemplares[8] han sido proclamados a través de esos siglos? ¿Cuántas palabras vacías han sido pronunciadas sin impacto, sin pasión, y hasta sin fe? ¿Cuántas homilías apasionadas, llenas de fe e inspiradoras de fe han sido transmitidas?

Es verdad que no refiere de un discurso que se trata de la "homilía." Pero una homilía o un sermón es hablar en público. ¿Por qué no usar los principios de un buen discurso mientras se prepara para dejar que Dios hable a través del homilista? ¿Por qué

---

7 Borden, pág. i
8 Usaré "homilía: debido a que en la tradición católica, la gente conoce mejor este término."

no adaptar los principios que mundanos y dinámicos oradores han usado por años? Los principios son:

1. ¡Ejem! ¡Ejem!
   Ejem significa capturar el interés del oyente en seguida. Hay muchas formas de hacerlo, pero las más comunes son: citas, canciones, chistes, noticias del periódico o revistas, la tele, y cuentos. La capacidad de captura ese interés es illimitado si nos atrevemos a ser audaces y creativos. *Ejem* es como encender un cerillo para prender un fuego. Nuestro *Ejem* tiene que estar apasionadamente relacionado con la pregunta: ¿Dónde queremos llevar al oyente en la homilía?

2. "¿Por qué dijiste eso?"
   Recordando que el oyente siempre tiene una mente propia, contesta esta pregunta al principio de la homilía: "¿Por qué dijiste eso?". Contéstala sin preguntarla, haciendo un puente desde los pensamientos del oyente, de sus pensamientos a las escrituras, y de su *Ejem* al cuerpo del texto de la homilía, haciéndolo breve pero intensamente.

3. "Por ejemplo…"
   "Por ejemplo…" significa el dar ejemplos que son claros, concretos y fácilmente comprendidos. Esto implica que el homilista conoce bien los deseos, necesidades, y sueños de su congregación. "A los oyentes les gusta que sus oradores les den ejemplos como platillos principales, y no como sólo el caldo."[9] Debemos dar ejemplos cuyas ilustraciones claramente construyan un puente hacia la experiencia del oyente.
   Cuanto más concretos y universales sean sus ejemplos, más se identificará el oyente con nosotros, los homilistas, y nuestras ideas. Por ejemplo, *mi abuela* es algo universal. *Mi abuela Bibi* no lo es. Decir *Bibi* corre el riesgo de distraer al oyente a pensar en una conocida Bibi en vez de enfocar en la manera en que la anécdota conecta con las escrituras. Usar ejemplos universales sirve para conectar los oyentes con las experiencias universales de fe, esperanza, amor, perdón, compasión, envidia, rencor, frustración,

---

9   ibid, pág. 12

etc. También nosotros conectamos más con gente de distintas culturas, especialmente si se comparte nuestros propios conflictos con esas experiencias universales.

4. "¿Y Qué?"

El oyente se pregunta sin decirlo: "¿Y Qué?" ¿Cuál es el punto? ¿Qué tiene que ver conmigo, con mi vida aquí y ahora? ¿Qué hago con esto? ¿Por qué debo dejar el mundo que conozco para hacer lo que tú dices? Los homilistas tienen que responder al "¿Y qué?" del oyente con "Y esto..." dándoles una respuesta de acción que puedan cumplir. "¡Únanse! ¡Contribuyan! ¡Voten! ¡Escriban! ¡Llamen! ¡Investiguen![10] ¡Perdonen! ¡Vengan! ¡Apúntense! ¡Oren! ¡Crean! ¡Den testimonio de...! Estos son ejemplos de lo que nosotros y los oyentes podríamos hacer juntos. No se olviden del "¿Y qué?"

Como predicadores, deseamos crear sentido que sale de la Buena Nueva y llega a las vidas de los oyentes. Hay que "destruir la apatía, conquistar el desánimo, generar conmoción, entusiasmo y electricidad."[11] Hay que compartir la experiencia de Pentecostés que nos ha llevado a decir ¡Sí! a la llamada de Jesús a completar su trabajo, y a *ser* su portavoz. Hay que ser interesantes, retar y evocar un aumento de la fe, la esperanza y el amor, porque la llama del Espíritu Santo nos convierte en martillos y cinceles en las manos de Dios, el maestro escultor.

---

10 ibid, pág. 13
11 Walter J.Burghardt, S.J. *Preaching: The Art and the Craft*. (Nueva York: Ediciones Paulinas, 1978) pag. 1
12 Leo Buscaglia, *Living, Loving and Learning*. (Nueva York: Ballantine Books, una división de Random House Inc., 1982) pág. 38.

CAPÍTULO 2
LAS TRES PREGUNTAS

"El propósito de vivir es tener importancia, tener reputación, significar algo, o defender alguna causa. Esto hace la diferencia de haber vivido."[12]

Si sentimos que no tenemos importancia, valor, o que no significamos nada, entonces hemos aceptado la noción de que somos un *don nadie*. Jesús vino para que los *don nadies* de su época y de todos los siglos supieran que son *don alguien* de Dios. Nuestra misión como homilistas, si la aceptamos, es la misma: hacerle ver al pueblo que nos importan y le importan a Dios, que son amados tal como son. Haciendo esto se completa la Misión de Cristo.

Para lograr esto, hay que recordar dos detalles acerca de nuestra predicación: nosotros hacemos el trabajo de Dios, y, podemos influir en la gente por nuestra forma de predicar. ¡Qué responsabilidad tan increíble y qué cargo se nos ha conferido! Al recordar estas cosas seremos siempre humildes. Dios es el que nos da la agenda, no nosotros. Ambos, el medio o mensajero y el mensaje, tienen que ser Buena Nueva para el oyente.

Recordando esto, permítanme compartir tres preguntas que el Padre José Powers, S.J. nos hizo reflexionar y discutir en una clase de Cristología. Se usan al comprometernos a evangelizar. José dijo que, si contestábamos afirmativamente a las tres preguntas siguientes, seríamos buenos homilistas, buenos evangelizadores, y buenos apóstoles:

Mi homilía (o presentación):

1.) ¿Sale de mi fe?
2.) ¿Comunica mi fe?
3.) ¿Evoca o desafía mi fe y la del oyente?

José también nos dijo que, si contestábamos *no* a cualquiera de ellas, deberíamos comenzar de nuevo con nuestra homilía. Para ilustrarles la importancia de esto, les contaré lo que me aconteció en la preparación para la homilía de la boda de mi hermana. En aquella época yo era diácono. La noche anterior a la boda estaba practicando mi homilía en voz alta, y después grabándola. (Al grabar la voz escuchas que suena distinta a lo que oyes de ti mismo) Cuando oí mi homilía me di cuenta de que ni evocaba mi fe, ni me desafiaba como oyente. No me convencía lo que decía. (Es que no sólo predico para otros, sino para mí también.)

La tiré y me acosté. Había pedido a Dios que me guiara en mi sueño para hallar las palabras que quería que le dijera a mi hermana, a mi familia y amistades. Madrugué, recordando una historia. La usé como mi *ejem* y me ayudó a fundar el puente con las escrituras escogidas por mi hermana para la misa nupcial. Ya yo había preparado todo durante la semana. Esa experiencia me ayudó a crecer como persona y como homilista porque lo que les dije a mi hermana y a mi cuñado también pertenecía a mí mismo.

Jamás me he sentido defraudado con el resultado cuando me hago estas tres preguntas y contesto *sí* a ellas antes de dar una homilía. Intenten preguntárselas y dejen que Dios les guíe.

CAPÍTULO 3
¿EN QUÉ VOZ ESTÁS HABLANDO?

Los Sacramentos no son fines en sí mismos, sino medios para el fin. Son puertas a lo sagrado, y lo que realmente cuenta. No son las puertas en sí, sino lo que está detrás de ellas. --Joseph Martos

La función del sanador, maestro, y sacerdote es el abrir la puerta. Pero, amigos míos, hay que entrar por ella y descubrir lo que está al otro lado. -- Don How Li

El Resucitado, el Cristo viviente,
Nos llama por nuestro nombre;
Nos acompaña en nuestra soledad profunda;
Sana nuestras heridas internas;
Nos conforta en nuestros pesares y dolores;
Busca lo que nos domina por dentro;
Nos libera de lo que nos domina por dentro;
Nos quita lo que no nos pertenece;
Renueva lo que tenemos agotado;
Despierta lo que está dormido en nosotros;
Le da poder a lo que ha renacido en nosotros;
Consagra y guía lo que está fuerte en nosotros;
Nos regresa al mundo que nos necesita;
Se extiende con amor infinito a otros a través de mí.
    --Flora Slosson Wuellner

El predicador es la llave en la mano de Cristo que abre las Puertas a lo Sagrado, que son los Sacramentos. Si no hemos pasado por ellas y descubierto *quién* está al otro lado, ¿Cómo podemos esperar ayudar a otros a hacerlo? El homilista habla para el otro y para sí mismo. Recordemos que somos como Cristo, el que nos llama y nos pide hacer lo que Él hizo.

Nuestra predicación puede ser servicio, como Cristo en el poema de Flora Wuellner. El don de una historia nos puede servir. ¿A quién no le gusta una buena historia? ¿Qué puede atraer, consumir, e hipnotizar a una persona más que una bella historia? Jesús era un maestro cuentista. Al contar una historia hay que obedecer las palabras de Cristo: "Aprendan de mí, porque soy manso y humilde de corazón." (MT 11: 29) Jesús habló con autoridad, con su propia voz, y humildemente dejó que la voz de Dios saliera. Hay que aprender a hacer lo mismo.

En mis estudios de teología, había una clase llamada "Contando Historias y Predicando" dada por Margarita Brown, que sufría los graves efectos de la distrofia muscular. Se enseñó a sí misma a superar esos efectos, y a usar lo que había aprendido para convertirse en una magnífica maestra, predicadora, y evangelista. Lo hacía actuando como, tomando el rol de, una payasa.

En la primera clase nos hizo contar una historia, y luego nos preguntó a cada uno: "¿En qué voz estás hablando?" Nuestras caras decían: "¿Qué estás diciendo?" Aprendimos de ella que hay tres formas de hablar que podemos usar para contar historias y para predicar.

1.) La voz que dice: "Había una vez". Es la voz de alguien que simplemente narra. Es la voz que suelen usar nuestros padres o abuelos cuando nos cuentan sus historias. Es la voz en que cambiamos nuestra voz regular para narrar lo que claramente no es nuestra experiencia, no es nuestra historia. Por eso no es nuestra voz verdadera. No somos parte integral de la historia. Somos el que la cuenta sin invertir nuestro propio yo. Es obvio nuestro propio ser no está en la historia. No es nuestra propia historia.

2.) La voz autoritaria que dice: "aprendes esto o ya verás". Es la voz que apunta con el dedo, y que a nadie le gusta oír. Los generales del ejército, los políticos, y, desafortunadamente, muchos predicadores caen en esta categoría de voz cuando sienten la necesidad de insertar sus ideas personales o regañar al pueblo. Esta es la voz que papás y mamás usan para disciplinar a sus hijos. Todos recordamos esta voz, y tendemos a reaccionar negativamente cuando recordamos esos momentos. Así reaccionará el oyente si la usamos.

3.) "Mi propia voz." Es la voz que dice la verdad sin pausa ni alteración. Estamos contando lo nuestro. El medio y el mensaje son congruentes. El mensajero y el mensaje están unidos. Hay una total inversión porque viene de la autoridad más profunda, del "yo" profundo, donde está Dios, y es la voz que quiere oír al oyente. Es la voz que convence al oyente de que el predicador está hablando desde su propia experiencia unida a Dios.

¿Cuál es la voz que usamos al predicar? Si cambio mi voz durante la homilía, ¿lo hago intencionalmente, con un propósito o fin? Si estoy consciente de la voz que estoy usando y la uso para que la verdad divina se proclame, entonces, estoy haciendo con habilidad lo que he sido llamado a hacer. ¿Estamos conscientes del tipo de voz que usamos?

¿Es posible usar nuestra propia voz para contar la historia del otro? Sí. Si no fuera posible, ¿cómo pudiéramos proclamar la palabra de las escrituras para conmover y convertir al oyente? Metiéndonos en la historia y dejándonos vivirla causa la posibilidad de contarla con nuestra propia voz. ¿Cómo llegamos a usar nuestra propia voz en las escrituras? Hay que practicar la Contemplación Ignaciana (de San Ignacio de Loyola) o Agustiniana (de San Agustín), en la cual nos dejamos enseñar desde dentro de la escena bíblica lo que Dios quiere que aprendamos de Él y de nosotros mismos, y luego hablar como si fuera nuestra propia experiencia, que la es. Recibimos el don de contar lo que no era nuestro, como si lo fuera, por haberlo vivido haciéndonos protagonistas de la escena bíblica.

Como homilistas tenemos que convertirnos en protagonistas de la historia de otros como lo hacemos con la de Cristo. Hay que ser parte de la historia. Si nos entregamos totalmente al contar la historia, usaremos nuestra propia voz, y notaremos que el oyente tendrá su atención clavada en nosotros. El oyente espera descubrir como la historia se relaciona con su propia vida, o como se conecta con Dios. Sin duda podemos aprender a contar historias ajenas como si fueran nuestras.

Cuando se cuenta una historia, el que la cuenta puede volverse emotivo. Hay ocasiones en que se permite emocionarse al transmitir una historia. (Ya sé que hay algunos que no están de acuerdo.) La emoción se tiene que anticipar, resolver, e integrar en el "yo" del homilista antes de contar una historia. Si no, el homilista manipula a la congregación, buscando simpatía. Esto daña la relación entre sí y el oyente, y disminuye el impacto de la Palabra de Dios. El medio y el mensaje no están congruentes. El mensajero y el mensaje no están entrelazados.

Si estamos contando una historia y, en algún punto de ésta, una emoción nos sale naturalmente, mostramos nuestra vulnerabilidad ante la gente a quien predicamos. Si lo hacemos sin miedo, demostramos al oyente que se le tenemos confianza y estamos con él. Se sentirá comprendido y agradecerá el honor que el homilista le ha dado en su vulnerabilidad.

Un predicador no debe usar la homilía para sacar del oyente respuestas emocionales. En comunidades afro-americanas y en el Movimiento Carismático se escuchan respuestas en voz alta como "amén" o "aleluya." No me refiero a estas respuestas. Hablo de tratar de sacar sentimientos como piedad, enojo, o venganza. El hacer esto traiciona la relación con ellos y traiciona la buena nueva también.

Sin embargo, la intimidad entre el predicador y el pueblo puede evocar una respuesta emocional. Hay veces en que yo, al contar una historia, estoy tan metido en ella y en la respuesta del pueblo que me conmuevo hasta las lágrimas. Homilistas, dense permiso a sentir los efectos de sus propias palabras y las de Dios, si es que las están transmitiendo auténticamente.

Si es auténtico, su vulnerabilidad permitirá al oyente que siente. Sentirán *con* nosotros en vez de *por* nosotros. Descubrirán su propia verdad que sale de la conexión entre su historia, la tuya, y la de Cristo. Si nuestras emociones vienen de nuestra auténtica voz, no teman. Si no vienen de allí, *no cuenten* esa historia en su homilía.

Nuestra voz traiciona lo que invertimos en la historia que contamos y en la homilía que damos. Si nunca usamos nuestra propia voz, entonces jamás contaremos nuestra historia, ni mucho menos la de Cristo. Si usamos nuestra propia voz, de seguro nos escucharán.

Que siempre prediquemos usando nuestra propia voz y que contemos la historia de Cristo como si fuera la nuestra, para que otros puedan convertirse en protagonistas de *la historia*, la de la presencia y amor de Dios, la de la buena nueva.

CAPÍTULO 4

¿CONOCES A TUS OYENTES?

"Predicar es gritar en voz baja. ¿Qué quiere decir esto? Quiere decir hablar claramente y atrevidamente, pero confiando en la Palabra como el sembrador confía en la semilla, que lleva su futuro en sí y llega al corazón. Quiere decir, proclamar lo oído, siendo verídico a la tradición recibida, pero teniendo el cuidado de marcarlo en el contexto del oyente...El Pan de Vida se parte y se ofrece, pero se debe dejar al oyente que lo mastique por sí mismo...gritar en voz baja quiere decir respetar la resistencia del oyente a su mensaje." (Craddock p. 64)

Respetar la resistencia al mensaje por el oyente es un cargo impresionante. Implica que reconocemos que no controlamos lo que escucha al oyente, ni si está listo para realmente oír al mensaje y aceptarlo. Sólo controlamos lo que decimos y con el cual voz lo decimos. El predicador tiene que reconocer humildemente que la mayoría de los oyentes piensan distinto al predicador.

Si el lector conoce como "Tipificar Personalidades," como lo describen David Kiersey y Marilyn Bates sobre los datos de Isabel Myers y Kathryn Briggs, entonces saben que la mayoría de la gente procesa la realidad de una forma distinta al predicador. Si no están familiarizados con esto, déjenme clarificarlo con un resumen breve.

Según Isabel Myers y Kathryn Briggs, los humanos tienden a percibir por una de estas dos maneras: sensación o intuición.

La diferencia entre ellas puede ser la fuente de mucha falta de comunicación y de discusiones, y también puede separar a la gente y causar malos entendidos.

El *sensorial* quiere hechos: cuantos más hechos y más detalles, mejor. El *sensorial* conoce a través de experiencias. Goza escuchando o leyendo historias personales. El *sensorial* quiere saber todos los detalles de la experiencia ajena. Aprende a través de información. Antes de que el tipo sensorial resuelva un problema, necesita saber todos los hechos y datos, y seguir un proceso de paso a paso para comprender el problema y descubrir su solución.

El tipo *intuitivo*, por otro lado, pocas veces nota los detalles. Tiende a dar vistazos a situaciones basadas en sus experiencias previas. Las imágenes e ideas atraen al intuitivo que aprende más viendo por el ojo de las ideas. Le encanta la metáfora, la ficción, y la fantasía. Los hechos y datos valen solo si se añaden a lo fantástico. Lo posible estimula al intuitivo. El intuitivo no resuelve un problema paso a paso, sino a través de un conocimiento que capta la solución inmediatamente, como si fuera una chispa. El intuitivo ve la solución o el punto de lo hablado directamente, sin explicación.

Es importante notar que ninguna de estas formas de procesar la realidad es mejor que la otra. Sólo son diferentes. Ambas son dones de Dios, y se necesitan para ayudar al mundo a conocer la creación entera, a Dios entero (lo más posible), y más profundamente. El saber la diferencia y el saber que la congregación piensa y procesa en formas distintas al predicador, puede ayudar a que el predicador se convierta en un gran comunicador de la verdad de Dios.

Según Keirsey y Bates, el setenta y cinco por ciento del pueblo tiende a ser sensorial, mientras que el veinticinco por ciento es intuitivo. Esto quiere decir que tres de cada cuatro oyentes son sensoriales, necesitando más hechos y descripciones paso a paso. Yo soy intuitivo. Siendo intuitivo me hace ver distintamente la mayoría de la congregación.

Ser sensorial o intuitivos es uno de los muchos factores que causan las diferencias entre el oyente y el predicador. Por ejemplo, yo también soy *extrovertido*, soy alguien que piensa en voz alta y que recibe energía estando en un grupo de gente. Los *introvertidos*, por el contrario, no piensan así. Necesitan tiempo a solas para reflexionar antes de compartir, y pierden su energía en grupos. Introvertidos prefieren las relaciones de uno a uno a las que se dan en un grupo.

Gente decide o por emoción o por el pensar. Yo decido a través de mis emociones. Hay quienes deciden según una lógica o según reglas o principios.

Y finalmente, soy *perceptivo*, abierto a las posibilidades. Me siento atado por agendas y límites. Otros son *juzgadores*. Trabajan con solo una idea o tarea a la vez, y son gente que necesita agendas y límites.

Hay muchas combinaciones de los tipos descritos arriba. Sea cual sea la combinación, el predicador siempre estará en la minoría en comparación con su congregación. Por lo menos, cincuenta por ciento de toda congregación procesará distintamente al predicador. Mi combinación: *extrovertido, intuitivo, emocional,* y *perceptivo*, compone sólo el doce por ciento de la población general. Esto quiere decir que siete de cada ocho personas procesan la realidad diferente a mí.

¿Qué puedo hacer, entonces, como *intuitivo*, para llegar al pueblo? Hay que combinar el lenguaje metafórico de posibilidades con frases que crean puentes para ayudar a los *sensoriales* a comprender las conexiones que yo hago naturalmente, sin la ayuda de procesos de paso a paso. Si olvido algunos pasos, o si brinco de historia a historia o de ejemplo a ejemplo, sin mostrar la conexión, arriesgo perder al oyente sensorial. Tengo que usar ejemplos concretos y conectarlos lógicamente para que comprendan.

El predicador *sensorial* debe cuidar de no usar demasiados detalles. Debe preguntarse si el detalle es necesario para exponer un punto de vista. Pues el intuitivo puede aburrirse con un montón de hechos y detalles, o distraerse con ellos, y el homilista se arriesgará a perderlos. Los intuitivos pensarán, "Ya no más" porque ya ven el punto y quieren seguir para llegar al "¿Y qué?" Se perderán en el bosque de sus detalles y perderán lo que se les quiere decir.

¿Cómo aprendemos? ¿Estamos conscientes de cómo aprenden los oyentes y cómo aprendemos nosotros? Tenemos que estudiar y comprender de qué forma nuestro estilo de predicar comunica nuestra fe al oyente y evoca o reta nuestra fe y la del oyente.

Encuentren a alguien que piensa distinto para que escuche su homilía antes de que la den. Pidan una evaluación honesta de alguien conocido después de darla. Grábense y escúchense. Estos medios les ayudarán a aprender más acerca de ustedes mismos y de sus oyentes.

Hay que conocer nuestra potencia y predicar con ella. Conocer los puntos débiles y superarlas hace un puente entre la palabra comunicada y la habilidad del oyente para escucharla. Esto significa ponerle un marco a la homilía en el contexto del oyente.

Me encanta contar historias y dejar que ellas se cuenten por sí mismas. Me encanta también el uso de metáforas y símiles al predicar. Me encanta usar una serie de historias, cuyas conexiones son obvias al oyente intuitivo. Por otro lado, y porque la mayoría del pueblo es sensorial, sé que necesito un proceso de paso a paso para que vea o comprenda mis conexiones.

Por ejemplo, di una homilía acerca de la Transfiguración en una clase de homilética. Al comienzo de la homilía usé la historia del escultor que compartí al comenzar el libro. Luego conté una historia de mi encuentro con la estatua de *la Piedad* de Miguel Ángel en Roma. Por último, conté una historia del día que estuve en un hospital con una madre que abrazaba a su hijo que moría. Quería ilustrar que hay transfiguraciones que ocurren en todas nuestras vidas. Pensé que cada cuento conectaba naturalmente con el que seguía. El misterio de Dios está en el corazón del escultor que reconoce a Dios en el mármol, el de la íntima relación de María y Jesús después de la crucifixión, y la de la madre y el hijo en el hospital. No conecté las historias. Sólo las conté una detrás de la otra.

No usé frases de puente describiendo como cada historia daba entrada a la siguiente y como estaban conectadas. Los once oyentes sensoriales me dijeron: "Las historias eran geniales, pero ¿cuál era el punto?" Los tres oyentes intuitivos estaban conmovidos. Me sentí humillado por haber fallado al comunicar el "¿Y qué?" con la mayoría de los oyentes.

Es importante que siempre demostremos humildad respetando la forma de escuchar del oyente. Hay que poner marcos de cuadros de palabras en formas que inviten al oyente a "venir a ver." Que recordemos que el oyente quiere encontrar en nuestra homilía, o sermón, o presentación, la realidad que está al otro lado de la puerta de lo sagrado, y que quiere que lo conmovamos a que entre por esa puerta para conocer esa la realidad. Si queremos tener éxito de verdad, conozcamos verdaderamente a nuestros oyentes.

CAPÍTULO 5

Consigue Ayuda para Prepararte

¿Podrías decir que realmente te has encontrado con el Dios vivo y verdadero como San Ignacio? ¿Podrías decir que conoces a Dios mismo, no sólo las palabras que lo describen? Si no puedes, no puedo llegar a la conclusión de que eres un homilista que produce; porque el mismo Dios que "puede resucitar de estas piedras a los hijos de Abrahán" (Mt. 3:9) puede usar el peor sermón para conmover al corazón duro. Pero sí puedo decir: si sólo conoces la teología de Dios, y no al Dios de la teología, no serás el homilista que el mundo tanto necesita.
(Walter Burghardt, S.J., *Preaching: The Art and the Craft*, (New York: Paulist Press, 1987) p. 60-61)

1.) PLANIFICACIÓN de la LITURGIA

Quisiera compartir algunas sugerencias para el encuentro con el Dios vivo y verdadero en formas que no siempre están al alcance de las parroquias o seminarios. Hace diecisiete años ofrecí una clase acerca de la misa. Pensaba que si las personas aprendieran de la misa: su historia, desarrollo, y sus posibilidades para encontrar a Dios en sus vidas y en la liturgia, tomarían la oportunidad de aprender con ganas.

Acerté. Ya en dos parroquias entre doce y veinte feligreses se reúnen cada lunes por la tarde. Primero, evaluamos la misa dominical; se habla de los ministerios: la hospitalidad, presidencia, la proclamación de la Palabra, ministerio eucarístico, y la música. Luego, en la presencia del homilista, evaluamos la homilía.

Al principio les tenía que ayudar a sentirse cómodos criticando constructivamente la homilía, porque la gente no quería dañar los sentimientos del homilista. Les dije: "empiecen con el tema que fijamos la semana pasada y compartan si el homilista acertó o falló en su esfuerzo." Se necesita humildad para superar el miedo de ser criticado, y también para criticar la labor de una persona en su presencia. Cuando se hace con bondad y caridad, la gracia viene.

La evaluación dura alrededor de quince minutos. Luego los laicos leen en voz alta los pasajes de las escrituras del próximo domingo. El líder (el sacerdote, el diácono u una persona laica) pregunta, "¿Hay algunas palabras o frases de impacto?" Se comparten sin comentarlas. Lo que realmente estamos haciendo es el *Lectio Divina* en grupo.

Al llegar a una lista de cinco a ocho frases que les impactaron, las examinamos, una por una, preguntándole a la persona que compartió, ¿qué fue lo que más le impactó? Al compartir surgen muchas preguntas o asuntos, y emergen varios momentos de fe. El ambiente de búsqueda puede invitarles a que hagan preguntas teológicas o morales al sacerdote o diácono que nunca han podido preguntar antes. ¡Qué momento para enseñar!

Esto ofrece una gran oportunidad al homilista para ayudar a la gente a aprender lo que hemos aprendido en nuestros estudios, reflexiones, y vidas. ¡Qué grandes han sido estos momentos para el homilista y para el pueblo de Cristo Rey y La Santísima Trinidad! (Mis dos parroquias) El homilista escucha las historias de aquellos que representan los sueños, las esperanzas, los miedos, y gozos de la comunidad, y le da a la gente una oportunidad de escucharlo a él fuera del contexto litúrgico. Todos somos maestros y alumnos de la Palabra.

Cuando el proceso se termina, el líder pregunta: "De lo que se ha compartido, ¿qué tema poderoso y provocativo pudiéramos sacar en forma de una pregunta o declaración para la homilía del domingo que viene?" Se comparten las ideas de temas, hacemos una pausa en silencio para dejar que el Espíritu impulse a alguien a hablar con autoridad. La confianza en el Espíritu Santo es importante. Jamás nos ha fallado. El tema o siempre sale por la gracia de Dios.

El homilista, si es listo, tendrá comentarios e historias de su pueblo, de las escrituras, de los comentarios formales, su propia historia, libros y medios de ayuda para orar, reflexionar, y luego esculpir en una homilía. El homilista verá que su pueblo necesita oír la historia del homilista entretejida con la de ellos y con la de Cristo. Verá que su pueblo necesita reconocer que no está solo en sus luchas, tristezas, alegrías, y victorias, y que se ha motivado a cambiar. El que es ambo homilista y oyente, crecerá a ser un mejor homilista.

Si el lector está imaginando que este proceso es simplemente un juego de popularidad del tema preferido, les digo que la gente quiere ver un enfoque y tratamiento de sus problemas de la vida en relación con Dios. Quieren escuchar como nosotros, los homilistas, enfrentamos lo que ellos sienten: la frustración, angustia, tristeza, el gozo, perdón, y la ausencia y presencia de Dios. Quieren saber cómo encontramos a Dios en la lucha vital y como encontramos a Dios en ellas.

Quieren saber dónde se encuentra el homilista en todo esto, donde está Dios en todo esto, y donde están *ellos* mismos en todo esto que llamamos realidad. Por eso el "¿Y qué?" es tan importante. Homilistas, atrévanse a retarse a sí mismos y al pueblo de Dios.

2.) ESCRÍBANLO TODO

Es impresionante ver a gente que puede predicar sin notas. Pero, sí que les tengo una sugerencia a todos los que predican: escriba toda tu homilía/sermón. Cuando se escribe todo lo que quisieras decir, van a disciplinarse a decir sólo lo necesario, y sólo lo que Dios quiere que digas. También se aprende una gran técnica necesaria para que sea la mejor homilía posible: la técnica de editar.

Es una tentación pensar que hay que decirles todo lo que conozco acerca de las escrituras o del tema del domingo, o de la situación socio-político en la que nos encontramos. Como se ha dicho, los predicadores han recibido una formación intelectual formidable, una que nos puede separar de nuestra congregación sin querer que pase. Por eso, al escribir toda una homilía, se puede notar si usamos palabras técnicas a las ciencias sociales, o de la iglesia, o palabras que nadie más que los más letrados entenderán.

Al escribirla toda se puede anotar en los márgenes los cuatro principios de organizar una buena presentación, anotando lo que más impresiona o lo que necesita mejorar. Luego me enfoco en el uso de términos técnicos que la gente puede faltar en comprender. Me gusta imprimir una copia de la homilía y con una pluma roja, subrayo las palabras que niños o no-creyentes podrán confundirse al escucharlas. Luego, me esfuerzo en producir una explicación de esos términos que les ayudará a comprenderme.

Después paso a plantarme las tres preguntas de mi fe. Ahora, si estoy contento con el contenido y con la estructura y como fluyen mis palabras, usaré todo lo que sigue para auto-evaluar lo que tengo antemano para presentar. Les aseguro que, aunque usen el texto completo por escrito, o si presentan su homilía sin notas o apuntes, lograrán tener un éxito de homilía.

3.) USEN HISTORIAS

Muchas veces el *ejem* es la llave de la puerta de los pensamientos del oyente. Sean creativos con sus *ejems*. Su *ejem* puede ser una historia. Úsenla cuando puedan para ilustrar puntos y construir puentes para que el pueblo conecte la historia de Cristo con la suya.

Por ejemplo, una vez usé el tema musical de la película "Misión Imposible" para el domingo de las Misiones. Grabé mi propia voz para dar la misión al pueblo a través del sistema de sonido, y luego continué con lo que había preparado. Otras veces he usado el estribillo de una canción o la estrofa de un poema hasta me he convertido en el protagonista del Evangelio. El pueblo estará contigo; aprenderá; se sentirá movido a actuar; y crecerá contigo en el Señor.

También se puede usar historias en sus "Por ejemplos," o al terminar como un "¿Y qué?" No importa donde se pone la historia, el pueblo recordará el tema de tus homilías porque recordarán las historias contadas. Hay algo en la mente humana que graba una buena historia.

4.) CONSIGUE A ALGUIEN QUE TE ESCUCHE

Es bueno encontrar a alguien o a un grupo para ensayar su homilía. Al hacerlo, se aprende si lo que intentamos hacer se lleva a cabo o no. Servirá como un espejo que muestra puntos ciegos y verborrea. El pre-oyente sugerirá formas de mejorar o reforzar una idea poderosa. También es bueno escuchar una versión grabada. Nos ayudará a ser humildes y honestos. Si nos dice: "algo falta" o "no es de tus mejores," en vez de deprimirnos, tomen el lado positivo que nos ayudará a conocernos y a Dios mejor. Mejoraremos como homilistas.

Una vez más me gustaría enfatizar como esto me ha ayudado a superar mis debilidades cuando las escucho en un contexto instructivo y sano. Me he hecho más consciente de mi tendencia a usar términos teológicos o eclesiásticos al predicar, que tienden a confundir o aburrir.

Los términos teológicos o eclesiásticos raramente son entendidos por el pueblo en la forma que aprendimos nosotros. Tampoco los comprenderán los chiquillos, los que no son católicos ni cristianos. (Siempre los hay en Misa) Eviten usarlos. Es mejor usar palabras que explican la misma idea. Después de todo, ¿no es nuestra meta el acercar más a la gente a Dios? No arriesguen perderlos por causa de un lenguaje técnico.

5.) LA ESCUELA DE "MSE"

He visto a gente mirar extrañamente al homilista cuando usa palabras ininteligibles o palabras que sólo los titulados en filosofía o teología pueden comprender. ¡Mantenlo Simple, Estúpido! Yo pertenezco a la escuela de "MSE" en la vida y en la predicación.

No comprendemos como nuestras mentes pueden separarnos de la gente. "Te alabo, Padre... porque has mantenido ocultas estas cosas a los sabios y letrados, y las revelaste a la gente sencilla." (Mt. 11:25) Este versículo me conmovió durante mis estudios filosóficos, y aún me sigue conmoviendo. Me hace preguntar: ¿Cómo puedo compartir mi conocimiento y mis ideas, lo que sé y traducirlas al lenguaje del oyente?

Lo que me ayuda es pretender que todos en la congregación son *no*-creyentes. (Hay algo del no-creyente en todos nosotros.) Me pregunto, ¿Cómo diría esto a alguien que no conoce a Cristo?" Si uso términos filosóficos, teológicos o eclesiásticos, la mayoría de la gente no me comprenderá. No usen estos términos en sus homilías. Facilita su comprensión explicándolas.

El hablar de Dios siempre es análogo. Nuestras metáforas e historias tienen que usar un lenguaje que todos, especialmente niños, puedan comprender. Al usar palabras incomprensibles, hay que explicarlas. No arriesguen la pérdida de gente porque no nos comprenden.

En uno de nuestros colegios un predicador (jesuita) usaba palabras que eran tan técnicas que yo necesitaba tener un diccionario para comprenderlo. Después de misa, le pregunté por qué había hablado así. Me dijo, "Para que vean el vocabulario que necesitarán para sobrevivir la vida universitaria." Le respondí, "¿Y la Palabra de Dios, qué? ¿Qué tal las necesidades del oyente?"

6.) QUE NO DURE MÁS QUE 10 MINUTOS

He escuchado muchas veces: "Si no han hallado el petróleo en tres minutos, dejen de excavar." También he oído hablar de reglas empíricas que dicen que la homilía tiene que durar entre siete y diez minutos. Si una homilía está malamente dada, aun tres minutos son eternos. Si una está bien compuesta, el homilista siempre dejará en el oyente con el deseo de escuchar más. En este caso el oyente experimentará una especie de tristeza por haber terminado la homilía.

Ya sé que hay circunstancias en parroquias que dictan lo que tan larga puede ser la homilía. Muchas parroquias tienen misas cada hora. En ciertas parroquias he oído: "Hay que dejar entrar a los que vienen a la siguiente misa." No dejen que la longitud de su homilía arruine el momento, pero si hay que disciplinarse para las necesidades de su situación. Sin embargo, hay que reconocer que hemos sido programados por la televisión y la radio a tener un periodo de atención que dura sólo 10 minutos por los comerciales. Por eso les digo que no dure más de 10 minutos tu homilía.

Hay muchas formas de dar la Misa/Liturgia y exponer el mensaje al pueblo dentro de los límites parroquiales. El sacerdote puede instruir al coro que cante menos versos, se puede usar una plegaria eucarística distinta, o se puede aumentar el número de los ministros de la Eucaristía. En la parroquia de La Santísima Trinidad, aprendí a disciplinarme, editando mis palabras para que no durara más que una hora la Misa porque teníamos siete Misas cada domingo.

Las buenas historias basadas en la vida necesitan tiempo para contarlas y relacionarlas con las escrituras. Cuando están bien contadas nadie mirará su reloj. Conecta la historia a las escrituras, da ejemplos concretos y relevantes, y siempre mantendrás la atención de tus oyentes, aun la de los más jóvenes. Si predican al niño, el niño en el adulto escucha. Si predican al adulto, pierden al niño.

7.) MANTENGAN ARCHIVOS: LO DICHO Y A QUIÉN

Siempre mantengo archivos de las misas o servicios, de los grupos e idiomas, y con cuál congregación he usado una historia en particular. Nunca uso la misma historia más que una vez con esa misma congregación. También tengo archivadas en mi computadora y en copia imprimido de todas las homilías que he dado desde mi ordenación (1990), para poder usarlas como referencia y para sacar ideas para otras futuras homilías.

CAPITULO 6

PALABRAS DE CONCLUSIÓN

Hemos visto una sencilla estructura para la homilía que usa los cuatro principios de "predicando la palabra como les gusta a los oyentes." Hemos visto las tres preguntas que retan la pasión del homilista y que examinan si somos instrumentos de la Palabra de Dios. Hemos aprendido a preguntarnos en lo que voz estamos predicando. Hemos visto algo nuevo acerca tipos de personalidad que existen en la congregación, y como crear puentes entre el homilista y el oyente. Y, finalmente, hemos escuchado sugerencias prácticas para ayudarnos a mejorar nuestro arte de predicar.

Ahora voy a compartir con ustedes homilías para el Año "C" de la iglesia católica. El evangelista que se escuchará durante la mayoría de este año es San Lucas. Noten como uso historias para traer el mensaje de amor que Cristo tiene por nosotros. Al final, compartiré una bibliografía de libros y fuentes de historias. Vivo y trabajo en los Estados Unidos de América del Norte, y por eso la mayoría de las citas son de libros en inglés. Muchos se pueden encontrar en español. Espero que los encuentren accesibles y útiles para forjar y refinar sus habilidades de predicación.

PARTE 2: HOMILÍAS PARA EL AÑO "C"

1º en ADVIENTO ¡Esperen, lo mejor ha de venir!

La palabra Adviento significa "venir a." Esperamos que Cristo tuvo que "venir a" la tierra, tomar nuestra condición humana, para enseñarnos cómo vivir al máximo. ¿Por qué? ¿Por qué se encarnaría Dios? ¿Por qué dejarse nacer en pobreza, sufrir, y morir en una forma terrible? Déjenme compartirles algo para que sea el Adviento fructuoso.

Dr. Martín Lutero King, Jr. una vez dijo:

"El vecino verdadero arriesga su posición, su prestigio, hasta su propia vida para el bienestar de otro. En peligrosos… precarios caminos, uno levantará a un hermano dañado a un nivel más alto y a una vida más noble."

Otra persona dijo lo siguiente:

"Dr. Phillips, fundador de Impacto en el Mundo, trató de ministrar en un barrio de L.A. llamado Watts, viniendo de una vecindad rica, de alta clase. Concluyó que era inútil servir a un pueblo si no está uno dispuesto vivir con ellos. Se mudó con su familia a Watts. Comprendió que era imposible impactar a un barrio si no estás dispuesto a vivir en el barrio."
(Adaptado y traducido de: "Una montaña demasiada alta," Dynamic Preaching, 1995, pg. 2)

Doctores King y Phillips muestran el por qué Jesús tenía que venir. Dios reconoció lo que ellos reconocieron: para impactar la creación, para causar una diferencia, uno tiene que estar abierto a vivir en el mundo, a ser un buen vecino. La Trinidad vio que el mundo y la humanidad habían tomado el camino del egoísmo y la falta de respeto por los dones que somos unos para otros. Por eso profetas como Jeremías, Doctores King y Phillips fueron enviados a redirigirnos. Cuando no funcionó, algo más tenía que pasar. La Trinidad decide enviar a Jesús como dice la 1ª lectura: "a instruirnos en los senderos de Dios y caminar sus caminos, porque lo mejor ha-de-venir.

¿Ha hecho una diferencia Jesús en Uds.? Si no, no es demasiado tarde dejar que el milagro de la encarnación nos empape. Por eso tenemos al Adviento. ¿Estamos preparados para el cambio que efectuará Jesús en nosotros? Entonces estamos listos por lo mejor que ha de venir.

Chicos, Jesús vive en sus padres, catequistas, entrenadores y maestros. ¿Cómo lo sabemos? Él dijo: "Estaré con Uds. siempre." La pregunta es ¿si lo creemos o no? Si sí, entonces los escucharán y aprenderán sus lecciones. Si no, venderán su alma a los que gritan más.

Padres, Jesús vive en sus hijos. Él dijo, "de la boca de bebés viene la sabiduría de Dios." Sus hijos fueron enviados a enseñarles a criar a sus hijos. ¿Lo creen o no? Si sí, los escucharán y aprenderán de ellos como salir de sí mismo. Si no, los perderán para siempre.

Parroquianos, Jesús vive alrededor y en Uds. ¿Cómo lo sabemos? Jesús dijo: "Donde 2 o 3 se reúnen en mi nombre, allí estoy." De hecho, nosotros católicos creemos que está presente en la asamblea, la Palabra, el cura, el Pan y Vino de Vida, y en la música bien presentada. ¿Vivimos creyendo esto, o no? Si sí, saldremos de aquí dispuestos a vivir la Declaración Misionera. Si no, venderemos nuestras almas a la hipocresía que Jesús odiaba en los evangelios.

Jesús quiere impactarnos. Desea ver que convertimos nuestras espadas en rejas de arado, nuestras armas de guerra en equipo para alimentar al hambriento de amor en el mundo. Desea ver a familias divididas sanadas para siempre. Quiere que dejemos nuestros rencores para llegar una paz que perdurará.

Jesús quiere ver el impacto de eliminar la violencia de pandillas, del machismo, la discriminación, el trabaja-colismo, materialismo, y el abuso familiar de todo tipo. Quiere ver la presencia de los frutos de su Espíritu Santo: el amor, la paz, paciencia, auto control, bondad, gentilidad, fidelidad, y generosidad. ¿Los mostramos en la vida? Si no, no es demasiado tarde para dejarlos fluir en nosotros.

Que comprendamos cómo Jesús. Que entró al mundo de otros y vivió con ellos para que nos cambiemos mutuamente. Que Cristo nos cambie en lo mejor, porque lo mejor ha de venir.

2º en ADVIENTO ¡Hay que pausar para cambiar!

Hace unos años una amiga me dio un libro llamado: *La Pausa*. El título me provocó y lo abrí y leí.

Era una historia de un jefe de trabajo que recibió una bolsa llena de regalos envueltos. Era la semana antes de la Navidad y eran de sus compañeros. Un asistente dijo, "Anda, ábrelas."

Lo hizo. Una por una las abrió. Contenían lo que su gente sabía que le gustaría: CD de música rock, una pluma de oro, un reloj. Luego abrió una caja bonita, llena de algodón y nada más. Sorprendido la miró y miró. Su asistente tenía una sonrisa esperando su reacción. Le peguntó, "¿Qué estás pensando?" No dijo nada. Ella le dijo: "Es una pausa. Te preocupas de tanto, que pensé que el darte una pausa sería algo que necesitas hacer, aún por un momento. Ya ves, te sirvió."

¿Quién no ha caído en la locura entre el Día de las Gracias y la Navidad? Está llena de hay que's: hay que hacer, hay que comprar, hay que lograr. Pero el único hay que, que importa es: pausar y reflexionar acerca de la razón que se celebra todo: Jesucristo.

La Iglesia nos da el don de tomar esa pausa. Se llama el Adviento, o sea, llegar a. Estamos invitados a pausar y pensar acerca del sentido del nacimiento de Cristo para su pueblo, para nosotros hoy, y del impacto que su promesa tendrá en nosotros y en la forma que viviremos.

Juan Bautista dijo, "Preparen el camino de Dios." Quiso que su pueblo se arrepintiera, es decir, mirar a la vida en forma nueva y pausar, y luego dejarnos cambiar por esa nueva mirada. Nos pide que pensemos como el gran personaje, Roberto Kennedy, pensaba, "Hay gente que mira al mundo y se pregunta: ¿Por qué? Yo sueño sueños que no han pasado, y pregunto ¿Por qué no?" Nos pide Juan que veamos como Jesús, nuestro héroe, ve. Pues, ¿Por qué es nuestro héroe?

Héroes causan gran diferencias, cambiando el mundo alrededor. ¿Ha cambiado nuestras vidas Jesús? Si sí, ¿cómo se nota? ¿Cómo damos testimonio de ello? ¿Estamos haciendo rectos sus senderos? ¿Estamos llenando los valles de sus corazones con el amor y la presencia de Dios, reemplazando sus adicciones y compulsiones con Cristo? ¿Somos la voz de Dios en sus desiertos de dolor, pérdidas, y aislación?

Estamos llamados a pausar y preguntarnos, "¿Cómo queremos ser recordado por nuestros queridos, por Dios, y por futuras generaciones cuando venga de nuevo Jesús?" ¿Estoy viviendo así ahora, o no? Si sí, seremos los héroes que fuimos creados para ser. Si no, ¿Qué esperamos?

CNN honró a 2 héroes reales que fueron forzados a pausar y pensar acerca de sus vidas y las de otros. Uno pausó con la pregunta: ¿qué se puede hacer para evitar las muertes de niños causadas por agua contaminada? Esa pausa lo cambió, y ahora se dedica a prevenir esas muertes poniendo pozos en pueblos por todo el mundo que filtran el agua, dándoles agua fresca sin contaminantes, un pueblo por pueblo.

El 2º se quedó sin piernas a los 8 años en un accidente del barco de sus padres. Sin quejarse jamás, vio las dificultades que tenían sus padres en conseguir la próstesis que necesitaba para tener una vida normal. A los 11 años decidió formar una fundación para conseguir las próstesis para otros chicos como él. En 10 años ha hecho grandes diferencias para miles de niños. Ha dispersado $500,000 para que pase esto.

Es el tiempo para pausar con el mensaje de arrepentimiento de Juan, y dejar que nuestros corazones se inspiren para convertirnos en los heroicos mensajeros de la Buena Nueva de Dios para un mundo que sólo reporta malas noticias. Si nos aprovechamos del don del Adviento, si pausamos y nos dejamos cambiar y actuar por esa pausa, se convertirán nuestros corazones en pesebres donde Cristo vendrá de nuevo a nosotros y a los demás. ¿No vale la pena pausar por esto?

LA IMACULADA CONCEPCIÓN

En el libro de Jeremías vemos a él responder a Dios, con: "Pero Señor, yo no sé como hablar. Soy sólo..." (Jer. 1:6) "Soy sólo" son las dos peores palabras en la Biblia. ¿Por qué? Porque son las palabras que limitan la potencia que tenemos todos para ser quien Dios quiere que seamos. Son las palabras que nos hacen sentirnos como nadie. ¿Son ustedes nadie? ¿Piensan que otros son nadie? ¡Cuántas formas tenemos de despreciar a la mujer! En los días de Jesús, mujeres solo valian para engendrar. Mujeres responden con su ser y palabra: "Soy sola..." María no lo hizo, y espero que ustedes tampoco.

Había tres hombres paseando en la playa cuando encontraron a una lámpara de aceite, enterrada en la arena. La recogieron y empezaron a limpiarla. Salió un fantasma que les dijo: "Les daré un deseo."
El primero dijo, "Quiero ser diez veces más inteligente." El fantasma dijo: "Pues, lo serás." El segundo dijo: "Quiero ser cien veces más inteligente." "Pues lo serás." El tercero dijo, "Deseo ser 1000 veces más inteligente." El fantasma apuntó su dedo a él y dijo: "Ahora, serás una mujer." (Traducido y adaptado de "Three Deadly Words," *Dynamic Preaching*, 1992, p. 3)

Con esta historia espero elevar la idea que Dios también humilló al hombre un poquito, para hacerlo ver que todo humano es importante, que son "alguien" en ojos de Dios, y que todos pudieran cambiar al mundo, causar que fuera diferente por haber vivido.

Hay que tener *fe* en la llamada, *esperanza* en la llamada, y vivir con *amor* la llamada que nos pide Dios. María lo hizo y por eso tenemos la celebración que tenemos. Todo cristiano jamás debiera decir, "ellos sólo son..." Toda organización Cristiana jamás debería decir, "Ellos no pueden hacer eso, sólo son..." Un profeta, por otro lado, sí que dice: "Ustedes son alguien porque Dios no crea a basura." Anunciar esto es nuestra llamada.

Imaginen un mundo sin, "Sólo soy." ¿Qué precioso mundo sería, no creen? María sabía que tenía al Espíritu Santo en ella. ¿Qué tal ustedes? ¿Viven sus vidas como si el Espíritu de Dios estuviera en ustedes con fe, esperanza y amor por su mundo? O, ¿creen que "solo son"?

Pues Dios tiene grandes planes para nosotros. Nos ha puesto aquí para que seamos profetas. Hay que ser mujeres y hombres de *fe* que da *esperanza* y actúa con *amor*. Nada es igual o tan poderoso como el banquete preparado en esta mesa. Nos hace brillar más. Nos da corazones capaces de dar vida a un mundo muerto.

¿Qué dicen? ¿Podemos reconocer en nuestras mujeres como Dios hizo con María, que son "alguien" llamadas y unidas a servir a Dios como se sientan llamadas? ¿Pudiéramos reconocer en nosotros mismos la llamada para hablar por Dios, aunque nos traiga sufrimiento? Respondamos a nuestra llamada como María hizo con la suya: "Haz conmigo según tu voluntad."

GUADALUPE

Una ventaja de conocer otro idioma es el poder hacer conexiones entre dos lenguas. Por ejemplo. Veamos la palabra sin. En inglés, sin quiere decir pecado. En español, sin significa: "no tener." El pecado y el "no tener" pueden decir lo mismo. Cuando pecamos, no tenemos a Dios. Cuando no tenemos la gracia de Dios, la fuerza vital de Dios, no vivimos con alegría ni sentimos gratitud. María, con la gracia de Dios, dijo: "Haz conmigo según tu voluntad."

El "no tener" amor implica el no hacer la voluntad de Dios; eso es pecar. El "no tener" fe ni esperanza también es no tener a Dios. El no extendernos por los necesitados es el "no tener" compasión. El "no tener" amor, fe, esperanza, ni compasión es "no tener" a Dios, es vivir *sin* Dios, es vivir en Pecado. María vivió con Dios y vivió *sin* pecado, cumpliendo siempre la voluntad de Dios. Les tengo una historia.

"Un letrero en la tienda decía, 'Perritos para vender.' Estos letreros tienden a atraer a niños y niñas, y, por seguro, se presentó un chiquito. "¿Cuánto cuestan tus peritos?" "Depende, de $30 a $50 dólares" le dijo el dueño. El chiquito metió su mano en su bolsa y sacó dinero de ella. "Tengo $2.37," dijo. "¿Pudiera verlos?"

El dueño sonrió y dio un chifle. Salió una perra con sus hijitos. Uno de los pequeños salía más lentamente que los demás. Inmediatamente el chico miró al perrito y preguntó, "¿Qué le pasa a este?" El dueño le explicó que el doctor ya lo había estudiado y dijo que le faltaba un lado de su cadera y que nunca podría caminar bien. El chico se puso contento. "Ese es el que yo quiero comprar." "No, no lo quieres comprar. Si realmente lo quieres, te lo daré," dijo el dueño.

Enojadamente y con el dedo apuntando le dijo el chico, "Yo no quiero que me lo regales. Ese perrito vale lo mismo que cualquier otro pero. Y te voy a pagar el precio completo. Te daré los $2.37 ahora y te pagaré a cincuenta centavos al mes hasta que lo haya pagado todo." El dueño regateó y dijo: "En realidad no quieres pagar por el perrito. Jamás andará como los otros. Nunca brincará, correrá, ni jugará contigo como los demás." El chiquillo entonces se agachó, se subió la pierna del pantalón demostrando su pierna reforzada por barras de metal. Le miró a los ojos del dueño y le dijo, "Ya ves, yo no puedo andar, correr, brincar ni jugar como los demás chicos. Pienso que este perrito necesita a alguien que comprende."

(Adaptado y traducido de "Puppies for Sale," de Dan Clark, en *Chicken Soup for the Soul*)

Creo que San Juan Diego demostró la misma fortaleza con el obispo que el chico con el dueño. El chico enseñó su pierna al dueño, Juan Diego al obispo las rosas. Ambos revelaron verdades. El obispo, como el dueño, demostró la forma que muchos juzgan por lo externo sin respeto. Dios, a través de María, demostró su compasión y comprensión y la hizo mensajera de las Buenas Noticias del amor y comprensión que le tiene Dios al pueblo mexicano. Eso es lo que celebramos hoy: el amor y comprensión que nos tiene Dios. No estamos *sin* Dios.

¿Cómo respondemos a ese amor? ¿Con gratitud? Espero que sí. Si no, nos convertimos en el obispo del tiempo de San Juan Diego. Si respondemos con gratitud, demostramos que creemos en la verdad revelada por el manto de María. Ella es como nosotros. Ella es nosotros. Ella es morena, en cinta, bendecida por Dios, con el Espíritu Santo, como nosotros. Ella nos quiere mucho. Ella quiere que hagamos como su hijo: demostrar el amor y la comprensión de Dios hacia los demás, especialmente hacia los necesitados.

Cuando lo hacemos, recibimos la gracia de poder rezar como ella al decir: "Mi alma proclama la grandeza del Señor, y mi espíritu se alegra en Dios, mi salvador." Que lo digamos todos los días de nuestras vidas.

3º en ADVIENTO ¿Estamos dispuestos a cambiar?

¡Qué personalidad tuvo que tener Juan para que gente de todo lado lo siguiera y pidiera, "Qué debo hacer?"! Su mensaje de arrepentimiento se entendía como una nueva mirada a la vida, y luego dejarse cambiar por esa mirada. La gente le rogaba algo que hacer para sentirse bien. Juan se los dio, haciéndolos ver que el cambio los llevaría hacia Dios.

Tal vez nosotros pensamos, ¿Qué debo hacer?, también. Pues les digo que no haremos un error basándonos en la Justicia Social, o sea la recta relación. Pensemos en un Triángulo de la Justicia, con un punto siendo Servicio Directo, otro: Abogar, y 3º Empoderizar. Muy pocos son buenos en los 3 puntos, pero sí que nos está llamando Dios a vivir por lo menos uno de ellos, si no más.

Quizás te gustaría servir a los pobres directamente: vistiéndolos, alimentándolos, o dándoles un hogar. Tal vez les gustaría abogar por los que no tienen voz o por los que no tienen defensa. Pudieran hablar por ellos por medio de organizaciones como PACT o el Comité Inter-fe. O, tal vez sus dones serán en ayudar a gente hacer por sí mismo, dándoles el poder hacer mejores decisiones. Nuestro centro de consejería, o de empleo, o los centros de recursos o de alojamiento les llama a servir. También podrán ayudar a promover nuestras escuelas fantásticas.

Juan Bautista le ayudó a su pueblo comprender qué hacer cómo lo hizo San Ignacio a nosotros, los jesuitas. Él dijo que cuando nuestras decisiones salen mal, vez tras vez, "Haz lo contrario." Juan les dijo a los que vieron que tenían que cambiar, que hicieran lo contrario también.

Pues, he estado pensando si Presidente Obamma, el Congreso del USA, líderes del gobierno, y jefes de impresas le preguntaran a Juan la misma pregunta hoy, ¿qué les contestaría? Él diría, "Los que apoyan los valores de familia, reformen sus leyes de emigración para que no se destruyen familias, para que se mantengan unidas."

"Ustedes que engañaron a los pobres ineducados a comprar hipotecas malas, regresen lo robado o modifiquen el plan de pagar para que no pierdan sus casas. Ustedes que usan las leyes para escribir contratos con detalles incomprensibles, escriban contratos con lenguaje claro. Ustedes que creen que los EEUU es la policía del mundo, dejen de intimidar y encuentren el camino de la paz.

Ustedes que están destruyendo la tierra que Dios creó y que ama, firmen los acuerdos que salen de la Conferencia Internacional para el Ambiente, y terminen con el calentar el mundo."

Podemos seguir, pero creo que me entienden. Estamos incluidos en esas advertencias porque cómo votamos o no, cómo hablamos en contra o no, demuestra si somos parte del problema o parte de la solución. El Adviento es un tiempo para considerar ser parte de las soluciones o no.

Hay que preguntarnos en Adviento, "¿Qué debo hacer para mejorar en 2013?" Ya que identificamos esto, hay que pedir por la gracia para cambiar lo que podemos cambiar. Y confiando que ya la recibimos, hay que <u>actuar</u>. No regresen la gracia por falta de usarla como lo hacemos con regalos que no nos gustan. Arrepentimiento de verdad implica revisar nuestras vidas, y dejarnos cambiar por esa revisión. Si no, seremos como el que dice, "Perdón" y luego sale y repite el daño que hace. Eso no es sentirse arrepentido sino es tener un mal-hábito.

Pablo dijo, "Alégrense en el Señor siempre. Su bondad se tiene que comunicar a todos. Está cerca." (Fil 4:4-5) Es el mensaje detrás de la vela rosa y los vestuarios. Hoy es el domingo Gaudete, o sea, de Alegría. Su intento es hacernos sentir la esperanza al prepararnos a ser pesebres.

Cuando se acerquen a comulgar, que nuestras manos formen un pesebre para la hostia, simbolizando que hemos convertido nuestros corazones en pesebres para Cristo también. Que salgamos dispuestos a hacer lo que Juan Bautista o Cristo nos haya dicho hoy: Cambien para lo mejor.

4º en ADVIENTO El placer del pan

¿Han oído decir, "Ella tiene un pan en el horno?" Es una expresión que significa que la mujer está embarazada. Ahora, ¿sabían que Belén significa, "Casa de Pan?" ¡Qué simbólico es la historia de la natividad! Jesús, el Pan de la Vida, es llevado en el horno a la Casa de Pan donde es sacado y puesto en un pesebre, o caja de alimentación. Nace en pobreza para alimentarnos con el amor de Dios.

El ángel Gabriel, mensajero de Dios, es enviado a 3 familias para anunciarles que cada esposa que tendrán un pancito en su horno, y dar a luz a hijos que juntos cambiarán al mundo y su historia, alimentando a futuros pueblos con el amor y el perdón de Dios. Era Buena Nueva para el nuevo papá, Zacarías, y a la nueva mamá, María. Los dos responden con shoque, pero se dan al milagro que vendrá.

El 4º domingo en Adviento nos hace pensar en el mensaje profético que Dios-con-nosotros, Emanuel, elevará al pobre y humillará al rico. "Bendito eres por haber creído." Elizabeth le dijo esto a María, y nos lo dice a nosotros. Estamos aquí porque creemos en el misterio de Dios haciéndose uno de nosotros. Cuando creemos como María, grandes cosas pasan. Escuchen la historia de una madre.

Aunque hay historias de partos, de esposas, y palabras sabias de expertos, nada me preparó para sentir el gozo de esta experiencia. A 26 tengo la suerte de haber tenido a un bebé fácil. La podía llevar con mis amigas o al restaurante. Se sentaría, jugaba, o pintaba en sus cuadernos para entretenerse, y siempre jugaba bien con los demás niños. Cuando crecía le encantaba sentarse con su papá y mí, escuchando nuestras conversaciones de cuando era una bebita, con asombro y ojos curiosos.

Cuando Elizabeth le dijo a María, "Bendita eres… bendito el fruto de tu vientre…Bendita tú que creíste," me refleja que nosotras mamás, estamos bendecidas con una relación especial y gozo por nuestros hijos, y somos tan especiales como Elizabeth, que se preguntaba cómo la mamá de su Señor vendría a verla.

Mi hija ha crecido a ser una fina y compasiva mujer, que ahora comparte conmigo su sabiduría y conocimiento. Soy una bendecida y orgullosa mamá al mirar hacia el futuro y compartir con ella esta jornada de fe, esperanza y amor. (contada a mí de una madre)

Me encanta vera a 2 mamás o que van a ser mamás hablando. Ellas lucen por sus hijos, o porque hablan del secreto de sus hijos, y la sabiduría que viene con maternidad. Cambian ante nuestros ojos. Benditos Uds. que creen.

Vemos esto en el evangelio. María y Elizabeth estaban como niñas hablando de sus embarazos. Llenas del Espíritu Santo, ambas sabían que iban a cambiar la historia del mundo. Benditos Uds. que creen.

Dios informa a los llenos de su Espíritu con lo necesario para compartir con otros. Cuando se comparte, el miedo es derrotado. Elizabeth, llena del Espíritu, grita, "Bendita eres entre las mujeres, y bendito el fruto de tu vientre." (Lc 1:42) María, llena del Espíritu, proclama Su Magnificat: "Mi alma proclama la grandeza del Señor y mi espíritu se alegra en Dios mi Salvador." Su proclamación muestra como Dios elige a los que la sociedad considera nada. Benditos son Uds. que creen.

Estoy aquí para decirles que estas palabras se cumplen al oírlas. Santo es el nombre de Dios. Todos hemos recibido al Espíritu Santo y, si cooperamos con ella como lo hizo María y Elizabeth, entonces grandes cosas pasarán y causaremos una diferencia por haber vivido. Benditos Uds. que creen.

¿Están listos para la venida de Jesús? ¿Están listos para el pan en el horno de sus corazones para anunciarle al mundo qué tan bueno es Dios en sus propios Magnificats? ¿Están listos para ser proclamadores de lo que Dios ha hecho y está haciendo en sus vidas? Entonces, celebremos porque Benditos somos los que creen, y ¡bendito el fruto de nuestra fe!

NOCHE BUENA ¡El rey de patas para arriba!

Hace 4 semanas celebramos a Cristo Rey, y luego empezamos de él Adviento para repetir su historia, su natividad desde el comienzo. Es como si leyéramos un libro varias veces, o mirar a una película por la 10ª vez. Por eso quisiera comenzar mi última homilía de Navidad con Uds. contándote Cristo verdaderamente era <u>Rey de patas para arriba</u>. ¿Cómo?

María, la revolucionaria, compartió en su magníficat lo necesario para conocer lo de "patas para arriba." "Mi alma glorifica al Señor, y mi espíritu se alegra en Dios, mi salvador." ¿Por qué? Porque el poderoso ha hecho grandes cosas para un nadie como yo, y no para los más ricos o poderosos. "Ha destrozado a los soberbios y echado a los grandes," pero ha exaltado a los "nadies" de hoy. "Dios ha llenado a los hambrientos y ha mandado para afuera a los ricos sin nada." ¡Qué patas para arriba es pensar así, contra las categorías de juicio de la sociedad, ¿no creen?! María no compartía los valores de los EEUU de hoy. Son normas de patas para arriba.

Jesús, hijo de una pobre y trabajadora familia, nació en una cueva, porque no había posada. Su 1ª cama era una caja llena de paja. En 3 días oiremos de cómo nuestra Sagrada Familia se convirtieron en refugiados, emigrando a Egipto para escapar el peligro que le perseguía de los celos del rey local. ¡Imagínense cómo serían tratados en los EEUU hoy día!

Estos no son pensamientos normales de la Navidad y su espíritu, pero son la verdad, y la verdad los liberará de imágenes falsos de dios y falsas ideas de ser discípulo o apóstol. Hay que ver que Jesús tenía ya enemigos antes de nacer. ¡Qué patas para arriba es su mensaje: "amen a sus enemigos, hagan el bien a los que les dañen." África, Irlanda, el Medio Oriente, Latino-América, y los EEUU tienen que practicar esto.

Hemos oído, "la práctica hace perfecta." Pues, ¡no es verdad! La práctica hace permanente. Por eso hay que practicar lo que es perfecto para que se haga permanente en nuestras vidas. Imaginen una paz permanente en este mundo. Eso solo se logrará cuando <u>practicamos</u> la paz en nosotros, en nuestras familias, vecindades, países, y el mundo.

Jesús dijo que el 1º será el último y el último 1º. Patas para arriba, ¿no creen? Díganles esto a los ricachones y sus discípulos. De los ricos sale: "a los poderosos viene lo logrado por el favor de Dios." Jesús los contradice, "Bendito los pobres porque para ellos es el reino de Dios," y "los humildes heredarán la tierra." Patas para arriba, ¿No creen?

Nos estamos formando en un país de hay-que-tener gente, y no de hay-que-ser gente. Hay <u>ser más</u> como Cristo y no <u>hacer más</u> para Cristo.

¿Qué tiene que ver esto al celebrar la Navidad aquí? ¡Todo! Hijos, ¿saben que más de 12 millones de chicos se acuestan con hambre cada día? Imagínense hambrientos cada noche. ¿Qué pudieran hacer? Sean creativos porque al alimentarlos, de damos de comer a Cristo mismo.

Padres, sean educadores, ejemplares y gente que hace la voluntad de Dios, que es vivir cómo quisieran ser recordados por sus queridos y Dios. Hemos tragado una falsedad que la felicidad viene con el tener. ¡No la es! La felicidad está involucrada en quién somos, de quién somos, y para quién hemos sido enviados con el don de vivir. Hay que ser humanos que pertenecen a Cristo para que lo sirvamos en los pequeños.

La Navidad de la Biblia no es la Navidad de los lugares de tiendas. El pesebre no es un lugar para una estampilla del nacimiento sino se trata de que el Pan de la Vida, que nació en Belén, la Casa del Pan, para alimentarnos con el amor de Dios y a salir de aquí listos para alimentar al mundo hambriento de Dios, que no se ha olvidado ni abandonado a él. Sean ese pan y verdaderamente serán fuentes del Dios de las patas para arriba.

NAVIDAD Padres de todos

Todos tenemos grandes memorias de Navidad, ¿verdad? Son buenas por la gente. Y las Navidades más alegres son las que aparecen niños, ¿no? Pues, déjenme compartir una historia que ojalá será memorable.

El jefe de una tribu era alguien muy soberbio. Cómo le encantaba ir por las calles vanagloriándose todo el tiempo. "No hay nadie más que yo," decía. Pues un día, harta de oírlo vanagloriarse, una vieja sabia le dijo, "Yo conozco a alguien que realmente es grande, y tú no lo eres." "¿Qué? ¿Qué dices? ¿Quién es más grande que yo? Nadie!" Ella le dijo, "Bien, ven a mi casa al medio día y te lo presentaré." "Allí estaré," le contestó el jefe.

El jefe regresó a casa y se acostó temprano para tener más fuerzas en la mañana. Se desayunó bien e hizo ejercicio antes de bañarse y vestirse en sus mejores ropas. Al hacerlo pensaba en todo lo que podía hacer mejor que los demás en la tribu. ¿Quién podrá ser más que yo?" pensaba toda la mañana. Cuando llegó a la casa, gritó: "Anda señora, preséntame al gran jefe." "Entra gran jefe. Pasa a verlo." Entró a su casa y vio que todo estaba en orden y había un infante gateando por el suelo. "Bueno, ¿a dónde está mi rival?" Apuntaba la mujer en dirección del infante. ¿Qué? ¿Cómo te atreves...?" Con cada palabra salía más y más volumen. Asustado, el niñito empezó a llorar. Con mucha vergüenza, el jefe se puso de rodillas e intentó callarlo. Sacó una pluma de águila y empezó a acariciar su mejilla con ella. Luego sacó su bolsa de medicinas para que la oleara y se calmara. No funcionó. Al final se quitó sus collares de abalorios y las usó como una maraca para distraerlo. Sí que funcionó. Se calmó por fin el bebé.

"¿Ya ves? Hasta tú, gran jefe, tuviste que parar de hablar para cuidar del bebé. El bebé es grande porque así lo destinó el Creador. El Creador te hizo grande no para vanagloriarte, sino para usar tus fuerzas e inteligencia para cuidar de los menos fuertes e inteligentes." Y desde ese momento, nadie jamás oyó al jefe vanagloriarse. (Adaptado y traducido de: "The Baby Leapt," Dynamic Preaching, Vol. XXI, No. 4, Oct.-Dec., 2006, pg. 85)

¡Qué interesante es que Dios eligiera a venir al mundo como un infante! Dios vio al mundo amolado. Su pueblo era terco y desobediente, egoísta y malo, casi como se encuentra el mundo hoy. Sabiamente Dios eligió venir como un infante a una pareja pobre e insignificante, nacido en un pueblo insignificante, para que dejáramos de hablar y de abusar para poner nuestra atención al parto más significante en la historia.

Es la forma que Dios nos dice, "¡Cállense y presten atención por un momento!" ¿Quién de Uds. no se dejan afectar por la presencia de un infante? ¿Por Qué? Porque es así que Dios nos hizo, y es así que Dios nos mira a todos, de ese tamaño. Dios tanto nos amó que mandó a Jesús para mostrarnos y decirnos. Pero Dios supo que necesitaríamos una diversión para convertirnos del egoísmo al otro-ismo. Nada lo hace mejor que la presencia de un infante: al Dios-con-nosotros.

Esta noche quisiera hacer una diversión para ponernos atentos a saber que Belén, donde Jesús nació, quiere decir, "Casa del Pan." Un pesebre, donde se puso al niño Jesús, es una canasta para alimentar a los animales. Y Jesús fue mandado a ser Pan de Vida. Por eso, hoy, al pensar en la realidad de Dios haciéndose uno de nosotros para hacernos comprender qué tanto nos ama Dios, que nos alimenta para hacernos en apóstoles, mandados a dejar de vanagloriarnos, dejar de fijarnos en nosotros y comenzar a proclamar lo que Dios ha hecho por nosotros más con nuestras vidas que con nuestras palabras.

Hemos asustado al niño Jesús entre nosotros. Está llorando. Hay que ponernos al nivel del que llora, dejar el padre o madre dentro de nosotros salir, y dejar esa responsabilidad empaparnos tanto que no podemos dejar de servir a los que son menos fuertes, inteligentes, listos, hábiles, como nosotros.

Estamos llamados a acercar nuestras bolsas de medicinas a las narices de las impresas de seguranza y de las drogas médicas, para que dejen de controlar los gastos del sistema médica en América.

Estamos llamados a abogar por lo que pudiera alimentar a los más de 12 millones de niños que se acuestan con hambre en este país, y salvar las vidas de los billones de muriéndose de hambre o por agua estancada. Podríamos considerar cambiar las leyes que mandan a niños a la cárcel sin posibilidad de salir. Pudiéramos usar nuestras maracas y plumas de águila con el Congreso y el Gobernador para que pasen leyes justas y humanas que ya no dejarán a negocios robar a los de recursos bajos mientras se esconden detrás de contratos con frases casi invisibles.

Cristo nació pobre para que nos convirtiéramos en ricos de su gracia. Cristo vino al mundo como infante, representando a todos los niños del mundo, para que dejemos de hablar, y comencemos a actuar como buenos padres y madres. Recuerden que hasta Jesús le nombró Padre a su Dios.

Que salgamos hoy dispuestos a ser cambiados por el infante Jesús, y que nadie escuche jamás vanagloriosas palabras de nosotros que hablan de lo no importante. Que Dios los bendiga y que tengan una Feliz Navidad y Próspero Año Nuevo en 2010.

SAGRADA FAMILIA
Dios, la familia, desea eso para nosotros

He estado pensando acerca del tema de una familia sagrada, y tengo que concluir que tengo la suerte de pertenecer a familias sagradas. Pertenezco a la familia Samaniego y la familia de la Compañía de Jesús. Ambas son sagradas para mí porque ambas siguen la voluntad de Dios.

La voluntad de Dios para una familia tiene varias facetas. Primero, la pareja tiene que amarse y respetarse, dispuestos a ayudarse a cumplir con sus sueños vitales, es decir, cómo quisieran ser recordados cuando mueren. Luego tienen que estar dispuestos a tener y luego criar a sus hijos, dones de Dios. Tienen que incluir dar buen ejemplo a sus hijos en cómo ser buenas personas, buenos cristianos, y buenos matrimonios.

La voluntad de Dios para la Compañía de Jesús es que encuentren a Dios en todas las cosas y luego promover una fe que hace la justicia. Usando los Ejercicios Espirituales de San Ignacio, discernimos cómo Dios nos llama, y a qué nos llama. Luego nos pide compartir ese don de discernir con la gente que servimos.

Mis padres cumplieron con sus papeles de ser buenos esposos, buenos ejemplos de ser católicos cristianos, y de criar a hijos según el estilo particular a cada hijo. Nos enseñaron a amar, a perdonar, a servir, y a luchar por lo que es recto que hacer. ¿Qué más pudieran hacer? Nada. Nos ayudaron a crecer en sabiduría y entrega, como lo hizo María y José con Jesús.

Mi provincia de los jesuitas está cumpliendo con su papel de ser compañeros de Jesús en parroquias, escuelas, y universidades. Como buenos padres, nos da la libertad de ser compañeros, usando los dones que Dios nos ha dado para cumplir con el papel de individuos jesuitas.

Pues eso es lo que celebramos hoy: la llamada a ser Sagradas Familias para el mundo que parece querer destruir a familias. Hay que retar a instituciones que destruyen familias, como ICE, como los gobernadores de los varios estados unidos que están en contra emigrantes, trabajadores, y negocios pequeños, que destruye a familias.

Aprendamos de María, José y Jesús. Ellos eran una mezcla de disciplina firma, y de libertad que apoya los dones individuales.

Hay que hacer lo mismo con la gente que Dios nos ha mandado a servir.

Si queremos que crezcan en entrega y sabiduría, hay que darles el ejemplo haber crecido en lo mismo. Sabiduría y entrega se aprenden. Jesús lo aprendió de sus padres. Nosotros tenemos que aprenderlo también para pasárselo a nuestros hijos. Si nuestros padres no fueron buenos ejemplos de esto, hay que aprenderlo de otros adultos. Si nuestros hijos rechazan la sabiduría y entrega que les hemos mostrado, reza por ellos, y busca ayudar a otros padres y sus hijos captar lo esencial de ser discípulos y apóstoles de Jesucristo.

1º de ENERO - MARÍA, MADRE de DIOS-
María extiende sus brazos a nosotros

Por siglos, la devoción para María ha crecido en la iglesia. En el mes de Diciembre se celebró la Inmaculada Concepción, Guadalupe, la Navidad, y la Sagrada Familia. En una forma u otra María es central a todas estas fiestas. Ahora comenzamos enero y el nuevo año con la fiesta de María, Madre de Jesús.

Creo que, porque Dios es tres personas en un Dios, y porque son masculinos: Padre, Hijo, y Espíritu Santo, que esta fiesta es el intento de mostrar que Dios tiene todas las cualidades de macho y hembra, de Padre y Madre, y quién es mejor para mostrarlo que María.

María cargó con el misterio de la Encarnación, de Dios hecho humano, en su seno y su corazón. Toda madre carga con sus hijos en sus senos y luego en sus corazones. Ya que Dios es identificado con el Amor, entonces Dios nos carga a todos, sus hijos, en su corazón.

¿Quién más que una madre está lista para extender sus brazos a sus hijos, sin importancia de lo que han hecho o sido? ¿Quién más que una madre está lista para adoptar a un huérfano y darle su amor? ¿Quién más que María pudiera decir "sí" a embarazarse sin estar casada y luego decir "sí" a mirar a los discípulos que Cristo ama y verlos como sus hijos o hijas?

María nos modela la pasión de Dios por el dañado por el pecado humano, mal trato, mal-entendimientos, abuso. María y Jesús tienen sus brazos extendidos como toda madre, deseando abrazar a lo feo, in-tocable, abandonado, y huérfano en todos nosotros.

María y Jesús quieren salvarnos de nuestras tinieblas. Sin sus abrazos, su "Sí" a nosotros, moriríamos en desesperación. Estamos aquí llenos de esperanza y gozo para 2018. ¿Para qué? Para mejor entender el misterio de Emanuel, Dios-con-nosotros. Si lo hacemos hoy y todos los días, Dios nos dirá, "benditos son entre las mujeres y los hombres."

LA EPIFANIA - Dios recibe a todo extranjero

Cada año oímos el cuento de Gaspar, Melchor, y Baltazar, los reyes magos, siguiendo la estrella para alabar al nuevo rey. Algo nos agarra como cristiano. ¿Cuál es su historia? Tal vez son como nosotros: extranjeros, buscadores, y tardíos.

¿Cómo extranjeros? No caben por ser diferentes. No son de Israel, y eso los marca. Por tradición uno era negro. Sin embargo fueron bien-recibidos por la sagrada familia y Herodes. En la historia de Jesús, el extranjero, el diferente, el que no cabe, el Gentil, son todos recibidos.

¿Recibimos bien al extranjero, al diferente, al que no cabe y al raro aquí en la Santísima Trinidad? Pues, si, pero lo triste es ver que el EEUU ya no recibe bien al extranjero y no sigue las palabras de la Estatua de la Libertad que dice, "Tráeme sus sufrientes y sus perseguidos..." Jesús y María recibieron al extranjero. ¿Somos como ellos o no?

Los reyes eran buscadores. Preguntaron, "¿Dónde está el nuevo rey de Israel?" Habían salido en búsqueda detrás de la estrella brillante. Se encontraron en camino y siguieron el camino hasta encontrar lo esperado. No se dejaron por vencer. ¿Conocemos a gente como ellos?

Hay gente que dice, "Me siento el hipócrita con mis hijos. No sé si creo en todo lo que la iglesia dice. Voy a Misa pero mi mente se distrae y no me provoca. ¿Cómo pudiera creer en un Dios que permite que niños nazcan con SIDA, o cuando gente me condena por ser "gay" o por ser mujer que se siente llamada a ser sacerdote, o por ser divorciado/a? ¿Por qué no salvó a mi papi, mi hijo, mi esposa, mi trabajo, mi salud el orar? Cuando oro, siento hablar conmigo mismo. Lo hago pero no estoy seguro. Soy un hipócrita."

No lo son. Son buscadores, batallando con la fe. Sienten vacío en espíritu, pero son fieles en sus quehaceres, deseando ver la luz, aun no sacando nada. Esa fidelidad, como los magos, será premiada con gozo.

3º, los magos son tardíos. Llegan tarde, se ven raros, y parecen ser intelectuales en un mundo de simples. Ese era el mundo raro de Jesús. Los magos son extranjeros que llegaron tarde al banquete, pero, como los pastores, son bien recibidos. Eran los primeros conversos.

Traen regalos raros para un infante: oro, significando ser real; incienso, significando lo sagrado; y mirra, significando la muerte. María y José lo usarán en el camino a Egipto, escapando el malo de Herodes.

¿Reconocemos al extranjero, al buscador, y al tarde en nosotros, dándole la bienvenida? Sí que están en cada uno de nosotros, y somos benditos en los ojos de Dios. Eso es el mensaje de la historia Navideña: de la Epifanía: la manifestación que somos amados tal como somos.

Nuestras escuelas aceptan a todo extranjero. Valoramos a sus hijos como dones de Dios y tratamos de formarlos en hijos "para los demás." Eso implica que tratamos de hacerlos ver que no están solos y que otros necesitan ser aceptados y amados por Dios. Lo sentirán por medio de ellos. Al celebrar el mes de las Escuelas Católicas, recordemos que ellas pueden servir como "manifestación de Dios," un epifanía para sus hijos.

Esta mesa manifiesta la aceptación por Dios del extranjero, del buscador, del tardío en nosotros. Todos pueden acercarse a la mesa del Señor. Dios recibe los dones que somos y lo que traemos como ofrenda, y pide partir el pan como Jesús lo hizo con el extranjero, el buscador, y el discípulo que llega tarde. Que reconozcamos a Jesús al partir el pan, y que la luz de Dios brille en las tinieblas de nuestras dudas y miedos. Dios nos recibirá. Que vengamos todos con gratitud.

(Adaptado de "Ever so Wise," <u>Storytelling the Word</u>, William J. Bausch, pg. 137-142)

Padre Eduardo A. Samaniego, S.J.

BAUTISMO del SEÑOR - Visiones para vivir

Una maestra aceptó el cargo de visitar a alumnos en los hospitales. Era para ayudarles con su tarea para no atrasarse en sus estudios.

Un día, recibió una llamada pidiéndole que visitara a un joven nuevo. Tomó su nombre y número de su cuarto de la maestra regular que dijo: "Estamos estudiando los sustantivos y adverbios. Agradecería si pudieras ayudarle con su tarea para que no se atrase."

Ella no sabía que el joven estaba internado en la ala de las víctimas de incendios. Nadie pudo haberla preparado para lo que iba a descubrir al otro lado de la puerta. Antes de entrar, tenía que ponerse un traje esterilizado, por el peligro de infecciones. Le dijeron que no tocara al joven. Tenía que ponerse una máscara que cubría su boca para poder hablar con él.

Se lavó y se vistió, tomó un respiro hondo y entró. El joven se había quemado terriblemente. Era obvio que sufría mucho dolor. La maestra no supo que decir o hacer. Por fin dijo: "Yo soy tu maestra especial. Me han mandado para que ayudarte con tus sustantivos y adverbios." Al terminar sintió que le había fallado al joven.

El siguiente día regresó, y la enfermera le preguntó: "¿Qué le hiciste al joven?" Antes de terminar disculpándose, la enfermera le interrumpió: "¡No me comprendes! Hemos estado muy preocupadas de él. Desde que viniste, ha cambiado su actitud. Ahora está luchando; está respondiendo al tratamiento. Es como si ha decidido vivir."

El joven explicó que había perdido toda esperanza y se sentía que estaba muriéndose. Luego vino la maestra especial. El joven, ahora, con lágrimas, expresó: "Toda forma de pensar me cambió con la realización de que si le habían mandado a la maestra para ayudarme con mis sustantivos y adverbios, que no me estaba muriendo."

(Traducido y adaptado de: "Nouns & Adverbs," 4th Helping of Chicken Soup for the Soul, pg. 151-2)

En esta fiesta del Bautismo del Señor, nos preguntamos: "¿Por qué, si es Dios, se bautizó Jesús?" Creo que la visión del joven es la misma que necesitamos para poder ver con claridad: la esperanza vive en nosotros porque Dios no hubiera mandado a Jesús para ayudar a salvarnos si nos íbamos a morir. ¿Verdad? Jesús necesitaba descubrir su propia misión: mostrarnos el amor de Dios.

Hay muchos que se sienten quemados por la vida y viven en el constante dolor causado por los fuegos de la injusticia o de sus propias decisiones. Muchos pierden toda esperanza. Por eso necesitamos oír el evangelio de hoy, que Dios mandó a Jesús para mostrarnos que Él es uno de nosotros, y nos honra sujetándose a lo mismo que nosotros: nuestras experiencias, pruebas y penas.

Jesús, como nosotros, está discerniendo su papel, su razón por estar en el mundo. El no está completamente seguro de quién es. Ha estado siguiendo a su primo Juan, escuchando sus magníficas palabras, y dejándose llevar por su invitación. Entra al agua y se deja bautizar como los demás, como nosotros. Recibe su papel y mucho más: sentir que Dios nos ama y se preocupa de nosotros.

Se pone a rezar. Al hacerlo los cielos se abren y le viene la visión que le impulsaría a salir y a vivir. "Tú eres mi hijo amado, en quien estoy contento." El joven reconoce que no hubieran mandado a una maestra para ayudarle si iba a morir. Nuestra visión es: Dios tanto amaba al mundo que mandó a su hijo Jesús, un maestro especial, para ayudarnos a vivir como verdaderas hermanas y hermanos de Dios y de nosotros.

¡Qué gran regalo nos ha dado Dios! ¡Qué regalo somos y podemos ser para los demás si decidiéramos hacer todo <u>por el amor</u>! Al comenzar la Misa, ponemos en la canasta en forma simbólica, el regalo que somos y pidiendo perdón Luego pedimos por esa gracia. Luego escuchamos en la 1ª Lectura: que Dios se contenta de nuestro servicio, y en la 2ª: que somos aceptables para Dios por predicar la Paz de Dios. Luego nos dimos la paz.

Ahora necesitamos orar. ¿Por qué? Porque cuando la Iglesia reza de verdad, de una mente, corazón y Espíritu, los cielos se abren. Nos vienen visiones cuando se abren los cielos. Nuestras visiones nos dicen quién somos, de quién somos, y para quién estamos aquí para servir. Que seamos como la maestra en la historia del joven quemado. Que seamos signos de esperanza que Dios nos quiere y se contenta por nosotros.

Padre Eduardo A. Samaniego, S.J.

2º en TIEMPO ORDINARIO -
Comparte la felicidad y se hace doble

Mañana es la fiesta de Martín Lutero King. Veremos al Presidente Obama ser inaugurado por 2ª vez. Hoy escuchamos el tema del amor de Dios hacia nosotros, que es como esposos se aman. Jesús y Martín tenían sueños de un mundo mejor: Escuchemos el de Martín.

"Cada uno se tiene que preocupar de sí mismo y sentir una responsabilidad de descubrir su misión en la vida que se preocupa del otro... Den prioridad a la búsqueda de Dios. Dejen que el Espíritu llene sus seres... Que sus planes vitales sean suficientemente grandes para incluir a Dios y la eternidad. Ámense y tendrán lo largo de la vida. Amen a su prójimo como a sí mismo y tendrán lo profundo de la vida. Y amen a Dios con todo su corazón, alma, y mente, y tendrán la altura de la vida. Sólo al desarrollar estas 3 dimensiones podrán esperar tener una vida completa."

(Traducido/Adaptado: "Las 3 Dimensiones de una Vida Completa," <u>Best Black Sermons</u>, 1972, pg. 7-17)

Mi primera tarea para parejas preparándose para el matrimonio es que reflexionen acerca de cómo quisieran ser recordados al morir. ¿Saben lo que Martín compartió antes de que muriera? Escuchen:

"Si están vivos cuando muera, no quiero un funeral o elogia larga. No quiero que mencionen que me dieron un Premio Nobel...no importa. No mencionen que he recibido unos 400 premios...no son importan. No mencionen dónde estudié...no importa. Mencionen que Martín Lutero King trató de servir a otros...que traté de amar...que estaba al lado bueno en el detalle de la guerra ... que traté de alimentar al hambriento...de vestir al desnudo...de visitar al encarcelado...Quiero que digan que traté de amar y servir a la humanidad."
Ebenezer Baptist Church, Atlanta, Georgia, on 4 February 1968, by Martin Luther King Junior:

María amó y sirvió a sus amigos y le dijo al mayordomo, "Haz lo que te diga." Jesús amó a su mamá y les dijo a los sirvientes que llenaran los cántaros de agua, y él hará lo que falte. ¿Creemos esto? Martín amó a su país y describió un sueño vital de redención y de completarse.

Por preocuparse de nosotros, Martín vio lo que nadie veía: nación capaz de de sacar del mal-acuerdo armonía, y esculpir la esperanza de la desesperación. ¿No les hace sentir esperanza? ¿Por qué arriesgar su vida por la esperanza del mundo? Alguien una vez dijo:

> Hay mucha felicidad en causar felicidad en el otro, aun cuando estamos en situaciones difíciles. Al compartir tristezas o dolores, las dividimos a la mitad. Pero al compartir la felicidad, se hace doble. Para sentirnos ricos, contemos todas las cosas que no se pueden comprar con dinero.
> (Origen desconocido. Fue pasado en el internet.)

San Pablo nos dice que todos recibimos habilidades o dones del Espíritu Santo para algún beneficio, es decir, para el bienestar del otro. Nos demuestra cómo amar en las dimensiones de la profundidad y la medida de la vida. María nos enseña que se necesita la dimensión de altura. Al ir a Jesús con fe, mostramos la altura de la vida como ella.

¿Cómo nos compararíamos con estas dimensiones de la vida? ¿Estamos tan distraídos en lo personal que no dejamos lugar para Dios ni para el otro? Entonces nuestros cántaros no están llenos de lo que Jesús puede usar. ¿Nos cuidamos bien, pero no hacemos nada por Dios? Al no tener altura, nos quemaremos. ¿Estamos atentos a sí mismos y a nuestra vida de oración que vemos al otro como distracción de Dios? Si dijimos sí a estas, somos incompletos. Hay que llenar nuestros cántaros. Aquí es donde se hace: sobre el altar; la pila de agua viva del católico.

María le enseñó a Jesús que la felicidad compartida se hace doble. Martín le enseñó a la nación el sentido de su Credo nacional: la Declaración de la Independencia: "Estas verdades son autoevidentes: que estamos creados iguales, engendrado por nuestro creador con ciertos derechos inalienables: la vida, la libertad, y la búsqueda de la felicidad." Jesús nos enseñó que hay que ser completamente para Dios, cómo vivir nuestra misión, que es el sueño de Dios para nosotros. Martín aprendió rápidamente y dio su vida persiguiendo su sueño. ¿Qué tal nosotros? ¿Aprenderemos con rapidez también?

Recibimos descripciones de visiones que son posibles para todos. Pidamos por el don de amar: a nosotros mismos, al otro y a Dios. Pidamos por la mejor forma de usarlas. Si lo hacemos, haremos doble el gozo de Dios.

3° en TIEMPO ORDINARIO
¿Somos quejones o cojonudos de la esperanza?

Hay gente a quienes le encantan el cambio y miran con gozo al futuro. Hay otros que siempre miran para atrás imaginando un mejor tiempo, quejándose del presente. No son gozosos, y causan miseria por todo lado por sus quejas y críticas. Los que saben vivir en el presente lo hacen porque lo gozan y esperan aún un mejor futuro. Viven sus vidas con ganas. ¿Cuál de los 2 describe quién somos?

El autor de los *Hábitos del Corazón* dice que la diferencia viene con el tener o no tener una declaración misionera personal. Acabamos de escuchar la de Cristo, y sus discípulos la tomaron en cuenta y la vivieron con ganas. Si no tenemos una declaración misionera, preguntémonos: ¿Cómo queremos ser recordados al morir? ¿Qué diferencia queremos causar por haber vivido? Contesten estas preguntas y formemos una declaración misionera que nos motivará a ser héroes en el mundo.

Católicos de verdad causan una diferencia porque saben quién son y para quién están aquí para servir desde nuestra esperanza y amor. Un católico falso se queja de todo y critica a todo y a todos. Un católico de verdad vive con gozo en el presente por haber aprendido del pasado y por haber puesto en el presente los pasos necesarios para forjar un mejor futuro. El falso vive siempre con ojo al pasado y es incapaz de vivir en el presente. ¿Cuál de los dos nos describe mejor?

Jesús compartió su Declaración Misionera, que era la misma de su héroe, Isaías: "El Espíritu de Dios está sobre mí, porque me ha ungido para llevar a los pobres la buena nueva, para liberar a los cautivos, regresar vista a los ciegos, dar libertad a los oprimidos y declarar el año favorable de Dios." (Isaías 61 y Lucas 4) La mía es "Causó una diferencia." ¿Cuál es la suya? ¿Están dispuestos compartirla cómo Cristo y cómo yo?

Roberto Bellah dice que podemos cambiar al mundo convenciendo a 2% de la población a cambiar. He recibido la bendición de haber servido a 2 parroquias que deseaban vivir sus Declaraciones Misioneras con ganas. No sólo cambiaron a la cultura de la parroquia, sino la de la comunidad alrededor también. Abrazaron la idea de ser gente-para-los-demás.

Jesús le dijo a su pueblo que las palabras de Isaías se cumplían al oírlas. No hay mejor buena nueva que esa, porque significaba que el mesías estaba entra ellos. Todos sabemos que en poco tiempo lo iban a correr. Para nosotros, que hemos crecido por la gracia de los apóstoles sabemos que hay que vivir nuestra misión para el bien del mundo.

Dr. Martín Lutero King, en su "Tengo un Sueño," dijo estas palabras acerca de nuestra llamada a vivir como gente de esperanza:

"La gloria de Dios se revelará, y toda la carne la verá juntos. Esta es nuestra esperanza. Esta es nuestra fe con la cual regreso al sur. Con esta fe podremos transformar los desacuerdos de la nación en una sinfonía preciosa de hermandad. Con esta fe podremos trabajar juntos, orar juntos, luchar juntos, defender la libertad juntos, sabiendo que algún día seremos libres."

Jesús reveló la gloria de Dios y es nuestra responsabilidad elegir o ser quejones o vivir con ganas la esperanza. ¿Tememos la fe de Dr. Lutero King, o sólo una serie de creencias? La fe, como la comunión, son ambos sustantivos y verbos. Fuimos ungidos para esculpir la esperanza de la desesperación, para armonizar usando los acordes del descuerdo usando los varios dones y voces que Pablo nos expone acerca del Cuerpo de Cristo. Comulguemos y vivamos en unión con Dios, y salgamos dispuestos a vivir como apóstoles de la esperanza.

4º en TIEMPO ORDINARIO: Funcionales en Cristo

(Esta homilía es una manera de recaudar fondos. Cada Diócesis tiene una campaña para cumplir las necesidades de la diócesis. En San José, CA, se llama la Apelación Diocesana Anual, o ADA. Es una gran forma de usar su Declaración Misionera y desafiar a sus feligreses a donar.)

¿Por qué tendemos a burlar los dones o talentos en otros? ¿Pudiera ser por celos o envidia? Todos estaban asombrados por la sabiduría y las palabras de Jesús. Luego oímos "¿No es este hijo de José... no conocemos a...?" o sea, "¿No es el carpintero?" Ellos aciertan que es sabio, pero no pueden aceptar que vino para ellos. ¿Por qué no pueden recibir el don que Dios les ha dado? ¿Por qué no lo hacemos nosotros? Es porque nosotros, como ellos, no podemos creer que Dios entró en el mundo.

Juan Bradshaw, un gran consejero de familias, dice que una familia disfuncional busca la paz, como toda familia, pero su paz se centra en la misma disfunción. Por ejemplo, una familia alcohólica: cada miembro tiene un rol. Con tal que se mantienen los roles, hay paz. Cuando alguien decide dejar su rol, caos ocurre. ¿Qué puede hacer la familia?

Él dice que la familia puede responder a ese caos en sólo 3 formas: 1º, reconocen la decisión de su familiar y deciden todos sanarse de esa disfunción. 2º, la familia trata de avergonzar al "traidor" tal que regresa a su rol. Y 3º, lo excomulgan de la familia.

Jesús encarna su teoría. Los escribas tratan de avergonzar a Jesús en público para que regrese a su rol disfuncional. Cuando no sirve, lo matan, lo excomulgan permanente. Las lecturas prevén la cruz.

Jesús le dice a los que dudaban que ningún profeta es recibido por su pueblo. El rencor confirma el deseo de excomulgarlo para siempre. Jesús camina atravesándolos. Él se excomulga a sí mismo para ir a los pueblos que lo escucharán y dejarán sus malas ideas sociales y religiosas, incluyendo su imagen de Dios, sus formas de orar, y sus categorías del mal-juicio. ¿Somos nosotros a quien quiere convertir? Si decimos que sí lo somos, ¿Cómo responderemos a su invitación? Podemos responder con la fórmula de 1-1-1-1-1, o sea, una hora de alabanza, de oración, de estudio, de buenas obras, y una hora de nuestro sueldo, cada semana. Para ayudarnos, escuchen al seminarista que nos hablará de esto...

5º en TIEMPO ORDINARIO:
Somos pescadores para Cristo

Para los que les encantaban las caricaturas de Popeye de niño, ¿recuerdan su canción: "Yo soy el quien soy y eso es todo que soy. Soy Popeye, el marinero, tu-tu?" Las lecturas nos hacen pensar: Por la gracia de Dios, somos lo que somos; somos quien somos. Pues, ¿Quién somos? ¿De quién somos? Y, ¿Para quién estamos aquí para servir?

Los protagonistas compartieron lo que eran: pecadores. Isaías tenía una boca sucia. ¿Qué tal nosotros? Pablo ayudó a asesinar a cristianos, que ahora eran sus nuevos hermanos(as). Y Pedro dijo, "Apártate de me, porque soy un pecador," al responder a la pesca milagrosa. Pedro también era el único discípulo que fue llamado "satanás" por Jesús. Al ser humilde ante Dios, él y los discípulos recibieron el don de la vocación para servir.

Hemos sido ungidos para servir. Para servir, hay que admitir nuestros lados oscuros, y hay que conocer nuestras limitaciones y buscar la forma de dominarlas. ¿Hablamos mal de la gente? ¿Como demasiado, fumo demasiado, o bebo demasiado alcohol? ¿Trabajo demasiado? ¿Escucho lo que otros dicen de nosotros, tal que ya no nos conocemos de verdad? ¿Somos cualquier-aholicos? ¿Vivo todo el tiempo con miedo?

Para dominar a estas limitaciones, hay que reconocer que no pertenecemos a nosotros mismos. Dios tanto amó la idea de nosotros que nos creó desde su corazón amoroso. Somos de Dios, y estamos hechos en la imagen y semejanza de Dios mismo. Fuimos bautizados con el Espíritu Santo y con fuego. Ese fuego es el fuego del amor de Dios, que es la única fuerza que sana de verdad. ¿Creemos esto o no? ¿Qué podría convencerte?

Jesús le dice a Pedro y a nosotros, "No teman. Los haré pescadores de gente." ¿Podemos confiar que nosotros también, podremos echar las redes en lo profundo y hacer una milagrosa pesca porque Cristo nos envía? Hagámonos humildes y dejemos que Dios nos transforme. Y después cantemos: "Somos quién somos y eso es todo lo que somos, pescadores de Cristo. Tu tu."

6º en TIEMPO ORDINARIO –
Dichoso el don nadie de Dios

Un gran Rabí, notado por su compasión y preocupación por los demás, recibió la visita de 3 de sus mejores alumnos. Fue inesperada la visita, porque estaban discutiendo el por qué hay que extenderse por los pobres si los pobres están recibiendo castigo por sus pecados. Le plantearon esa pregunta al Rabí. El los llevó a su oficina y abrió las cortinas de su gran ventana con una preciosa vista del valle. Los llamó y les preguntó, "¿Qué ven?" Uno dijo, "Veo al prado, a los árboles, y el lago." "Muy bien, así es," contestó el Rabí. El 2º dijo, "Veo al cielo, las nubes y los aves." "Así es." El 3º dijo, "Veo a una pareja enamorada caminando." "Bien, así es."

Luego el Rabí los lleva a su armario, abre la puerta y les demuestra un espejo grande, casi del tamaño de ellos. "Ahora, ¿qué ven?" El 1º dijo, riéndose, "Solo veo a mi imagen." También lo dijeron los otros dos.

"¿Qué aprendieron de lo que me preguntaron por este ejercicio?" Ninguno pudo contestar. El Rabí explicó, "Qué curioso. Una ventana y un espejo están hechos de la misma materia: vidrio. Pero cuando se le pone una enchapa plata de un lado, ya no ven a lo de afuera. Solo se ve a sí mismo." Entiendan esto y comprenderán el por qué. Los pobres no están castigados, sino ofrecen la oportunidad de agradecerle a Dios por las bendiciones recibidas, y dándole nuestros primeros frutos para el beneficio de ellos. (Adaptado y Traducido de: "Veneer of Silver," A treasury of Jewish Folklore, Crown Publishers, NY, 1948, pg. 60)

Jesús era alguien que sabía que los pobres no estaban recibiendo castigo por pecados cometidos. El luchaba contra los que juzgaban a los demás por lo que tienen. Él sabía que cuando confiamos en nuestras cosas, ponemos una enchapa de plata en la ventana de nuestras almas que es nuestros ojos. Él sabía que nos vemos a nosotros mismos y solo eso, si confiamos en lo que tenemos. Que reto nos dan las lecturas.

La primera dice que no debemos confiar en nuestro prójimo. Pero Jesús nos ha enseñado que hay que amar al prójimo. El amor es un tipo de confianza, y se da sin condiciones. Confiar en nuestra capacidad de amar es confiar en Dios. Ese tipo de confianza es vivir como si fuéramos las raíces del árbol de Dios que fue plantado junto el río que es Jesús.

San Pablo dice que la única esperanza propia es la que se basa en Cristo. Si confiamos nuestra esperanza en esta vida y en lo que tenemos, entonces seremos los más infelices de toda la tierra. ¿Por qué? Porque deberíamos saber que solo en Cristo se gana la vida.

Y San Lucas nos yuxtapone Bendiciones y Maldiciones. Benditos son los que son pobres, hambrientos, los que lloran ahora, y los perseguidos por conocer a Cristo. Malditos los que reciben todo en esta vida porque ya recibieron su recompensa. Por conocer a Cristo, hay que extendernos por los pobres, hambrientos, los sufridos, y los perseguidos. Al hacerlo en nombre de Cristo, dejamos que nuestras raíces de fe se extiendan hacia las aguas vivientes que son la vida de Cristo mismo.

Jesús nos da una <u>oportunidad</u> y <u>opciones</u>. Nos da a los que tenemos la <u>oportunidad</u> de servir a los que NO tienen. La Diócesis nos pide que extendamos nuestras manos de servicio a cada rincón de la Diócesis. ¿Estamos dispuestos?

Que recordemos que en este Sacramento, que la historia de Dios es una invitación a ser buenos. Cristo tomó la oportunidad de hacerse uno con nosotros y se arriesgó por nosotros. Que lo reconozcamos al partir el pan, y que compartamos este pan como Eucaristía con el pueblo que sabemos que están sufriendo y doliendo ahora.

7º en TIEMPO ORDINARIO – La ley del eco

Los que hemos estudiado algo de la física, conocemos la ley que dice: "Por cada acción, hay otra que es igual en su reacción." Esto quiere decir que lo que ponemos en acción, nos rebota con la misma medida. Nos debe sonar como el evangelio de hoy, "La medida, medida por ti, será medido hacia ti cuando te regrese." En otras palabras, esta es la ley del eco. Un eco ocurre cuando se grita en un lugar cavernoso, y rebota sonado como nuestra propia voz. Esto es un eco.

El amor, el perdón, la compasión todos siguen la ley del eco, y por eso no se nos pierde nada porque el Amor compartido, el perdón dado y recibido, y la compasión demostrada nos bendicen con la misma medida dada. Jesús no se para ahí. Él quiere un corazón semejante al suyo, y por eso dice, "Amen a su prójimo, haz el bien a los que te dañen, reza por los que te maltratan, y presta sin esperar ninguna cosa en torno."

Qué difícil es ir más allá que una milla. Por qué la gente generosa es marcada por un corazón limpio, un corazón redimido. Si supiéramos que estamos redimidos, gozosamente sale la generosidad del corazón. Si no lo sabemos, la generosidad jamás será parte de nosotros. Un día Alejandro Magno le dio monedas de oro a un mendigo. "¿Por qué oro cuando cobre lo hubiera satisfecho?" le preguntó. Él respondió, "Monedas de cobre lo hubieran satisfecho. Pero oro es lo que a mí me satisface cuando doy."

Hace unos años en Florida, un loco tomó un rifle y empezó a tirar hacia la gente en un mercado. Cuando lo entraparon en una esquina, tenía a una mujer secuestrada. Pueden imaginarse el deseo de vengarse por sus matanzas. La hija de una mujer matada decidió que no iba a vengarse de él. "Si lo odio, yo no sería más que una asesina… No tengo más remedio que perdonar al quien mató a mi mami.

(Traducido y adaptado de: "Parables," Jamie Buckingham, Word Publishing, 1991, pg. 39)

Sólo un corazón unido al de Jesús y sus enseñanzas pudiera hacer eso. Sólo gente que está adolorido, puede dañar a otra gente. Y sólo gente que se siente amada pueden amar sin bordes ni condiciones. Un corazón agradecido es un corazón semejante al de Dios.

¿Pudiéramos pedirle a Dios por la gracia de parar y pensar antes de reaccionar cuando alguien nos daña? ¿Pudiéramos pedirle a Dios que nos ayude a reconocer que cuando estamos dañados, es posible que respondamos igualmente a otros? ¿Pudiéramos pedirle a Dios por la gracia de reconocer que la ley del eco funciona para el Mal tanto para el Bien, y que sepamos discernir la diferencia antes de actuar?

Hay una frase que casi no se nota en el Evangelio: "Porque Dios es bondadoso a los ingratos y los malos...Sean misericordiosos." Eso es lo que se necesita para ser llamados hijos e hijas del Dios altísimo. Hay que ser bondadosos porque Dios es bondadoso y misericordioso con nosotros. Si alguien nos daña, sean bondadosos. Si alguien nos ejerce calumnia, sean bondadosos. Si alguien se burla de nuestra fe, sean bondadosos. La bondad proviene de Dios.

La misericordia es la habilidad de dar a los que no pueden cuidarse as sí mismos porque podemos hacerlo. La misericordia es el ser bondadoso cuando todos esperan ver malicia por haber sido dañado. Cuando optamos por ser bondadosos, optamos ser como Dios es.

Por la gracia de Dios, hay que ser instrumentos de esa gracia para los demás. ¿Podríamos serlo? La elección es nuestra. Podemos optar por el amor, por perdonar, por demostrar bondad y misericordia, y la reacción igual que rebotará hacia nosotros será la bendición de Dios. La Cuaresma se nos viene para ayudarnos a cumplir con el mandato de amar, perdonar y ser bondadosos. Que usemos el periodo de Cuaresma para aprender a hacer las mejores elecciones, las que demuestran que pertenecemos a Dios.

8º en TIEMPO ORDINARIO: ¿Hay una viga en mi ojo?

Dos monjes Budistas, que viven el celibato más estricto que nosotros, estaban caminando por el camino cuando llegaron a la orilla del río. El camino estaba lleno de lodo por una tormenta que había pasado. Se encontraron con una bella mujer, abrigada y cansada. Quería cruzar, pero no podía. El monje mayor la puso en sus hombros y la cargó hasta la otra orilla del río.

    El monje joven, lo acompañó en silencio por unos kilómetros hasta que ya no pudo detenerse de preguntarle: "Nosotros monjes no nos acercamos a mujeres, especialmente cuando son jóvenes y bellas. Es muy peligroso para la vocación. ¿Cómo pudiste acercarte y cargarla?" El monje mayor le dijo: "Sabes, yo la dejé al lado del río. ¿Cómo es que tú la sigues cargando?"

(Adaptado y traducido: "El Monje y la Mujer," Song of the Bird, Anthony De Melo, pg. 108-9)

    ¡Cómo nos gusta criticar, juzgar, y tratar de cambiar a otra persona! ¿Verdad? Esta historia demuestra lo que nos dice la primera lectura: "la conversación prueba al hombre o a la mujer. El árbol bien cultivado se reconoce por sus frutos." Nos gusta cargar con cargos que no nos pertenecen para evitar cargar con el cargo de vivir cristianamente. ¿Jóvenes, entienden lo que dicen las lecturas y lo que dice el cuento?

    Lo que sale de Uds. da prueba de su educación o falta de ella. Nos demuestra si lo que sale de ustedes son buenos o malos, si sus intenciones son buenas o malas. También nos dicen sus palabras y hechos si se creen mejor que los demás o si realmente son humildes. Nos demuestran también si somos como el monje viejo o el joven.

    Miremos el ejemplo del árbol: El podar a los retoños es multiplicar los frutos. ¿Cómo, y por qué? Si un árbol está bien plantado y cultivado, dará mucho fruto. Pero, ¿Qué pasa cuando las ramas se ponen demasiadas largas o si se enferman algunas? Empiezan a envenenar al resto del árbol y chuparle los nutrientes para sostenerse. Cuando esto pasa, hay que podarlas, es decir, cortárselas, es decir <u>descargarnos</u> de ellas, para que no envenenen el resto del árbol.

Regresando al árbol, ¿Qué tal si una planta o árbol da mucho y bueno fruto? Nos gustaría multiplicar sus frutos, ¿verdad? Si la podamos de ciertos ramos y luego plantamos los brotes, cultivando la tierra y nutriéndolos con agua y fertilizantes, esos brotes darán frutos también. <u>descargar</u> a un árbol que tiene demasiadas ramas para nutrir, es dejarlo seguir dando fruto.

Es lo mismo con la vida. Hay que preguntarnos si tenemos en la vida cosas que nos están envenenando. ¿De qué pudiera yo estar hablando? ¿Qué puede envenenarnos? Tal vez el alcohol, o la droga; tal vez la pornografía, o nuestros mismos amigos o miembros de la familia. Si nos preguntamos si hemos cambiado para el mal por algo o alguien, y si podemos identificar las raíces de nuestro cambio, tenemos una gran decisión de hacer. Podar y poder, o dejar y morir.

Hay que podarlas de nuestra vida o correr el riesgo de perdernos para siempre. Ya sé que es difícil dejar de hacer lo que los demás amigos están haciendo. Pero dejar de hacerlo con firmeza y confianza, eso es lo que demuestra verdadero liderazgo. Eso es lo que demuestra amor a sí mismo. Eso es descargarnos de lo que nos destruye.

Si tenemos mucho que ofrecer al mundo, a la familia o a amistades, hay que compartirlas, es decir podar y compartir, para dar más fruto. Esto es llegar a decir: "<u>podar es poder</u>."

¿Cómo sabemos si estamos bien? 1º, ¿Cómo hablamos? Si siempre encontramos lo mejor en los demás y en sí mismo, estamos cerca de Dios. Si la utilizamos para criticar malamente o chismear o mentir, estamos lejos de Dios y hay que podar esto de nuestro ser. Si nuestras amistades nos presionan a hacer cosas que nos lleva a mentir a autoridades, <u>no son</u> amigos de verdad. Hay que podarlos, es decir, <u>descargarnos</u> de ellos antes de que nos destruyen la vida.

Si nuestro esposo/esposa está abusando de nuestros hijos; si nos maltrata todo el tiempo sin querer cambiar de verdad y demostrarlo buscando consejo profesional, hay que podarlo de la vida; hay que descargarlo hasta que de prueba de haber cambiado de verdad. Cargar con esa cruz falsa es destruir el templo del Espíritu Santo que es tu cuerpo y los cuerpos de sus hijos.

Si estamos actuando mal; si nos sentimos siempre tristes, sin alegría en la vida, somos cómo el ciego que quiere guiar al ciego. Si vemos a otros actuando mal, y no los enfrentamos inmediatamente, mírense a sí mismo primero, para quitar la viga de sus ojos antes de quitar la espina en el ojo del prójimo. Hacer esto es discernir y podarse de lo que nos impide ser el mejor humano y cristiano posible. Esto es lo que es descargarse de cargos que no son nuestros.

¿**Entienden mejor el significado de estas lecturas?**
Si sí, ofrezcamos las ofrendas con

MIÉRCOLES de CENIZA – ¿Hemos muerto a sí mismo?

Siglos de tradición nos dice que el orar, ayunar, y dar limosna nos ayudan a resistir el mal y disciplinarnos al cambiar. Si escucháramos la Oración de Serenidad: "Dame la serenidad para aceptar lo que no puedo cambiar, el valor para cambiar lo que sí puedo cambiar, y la gracia de reconocer la diferencia," sabríamos que es un modo de discernir, de hacer buenas decisiones. Al comprometernos a vivir lo que la señal de la cruz significa, mostramos al mundo que reconocemos la diferencia y que nos entregamos a cambiar para acercarnos más a Dios. Mateo dice:

> "Cuando des una limosna…que no sepa tu mano izquierda lo que hace la derecha…Cuando vas a orar, entra en tu cuarto, cierra la puerta y ora a tu Padre, que está allí…Cuando ayunes, perfúmate la cabeza."

Oremos como Jesús, que tuvo una íntima relación con el Padre. Ayunemos como Isaías, que en su capítulo 58 dice que nos preocupemos por los pobres, los perdidos, y los oprimidos. Finalmente demos limosna a la iglesia y a las causas que sirven a los pobres, porque el Dios escucha las súplicas de los pobres. Que donemos 1ª hora de sueldo a la iglesia cada semana, y así serviremos a los pobres y necesitados.

Estas son las prácticas que hacen de la señal de la cruz algo más que una señal. Es un signo que queremos ser más como Jesús. Dice que aceptamos la Vía de la Cruz. "Recuerde que eres polvo y al polvo regresarás." La vida es lo que hacemos entre el polvo de la creación y el polvo de nuestro entierro. Las cenizas no nos protegen de la muerte. Fueron causados por la maldad, por la muerte misma. Son señales de haber muerto a nosotros mismos, a nuestro egoísmo, y de aceptar el ejemplo de Cristo. Es un día que nos difiere de los hermanos separados. Llevemos las cenizas con el orgullo de ser seguidor de Cristo.

1º en CUARESMA -
¿Qué es nuestra historia de la Cuaresma?

Hay una canción hawaiana a que se le puso letra bíblica y española: "Canción al Cuerpo de Cristo." El refrán dice: "Compartimos nuestra historia, compartimos nuestro pan, reconoceremos la resurrección." ¿No creen que este refrán podría ser un buen tema para la cuaresma?

Isak Dinesan dijo, "ser una persona es tener una historia que contar." Pues, Jesús, la persona, nos dio su historia para contar: la biblia. Jesús el ungido nos ungió en el bautismo para hacer lo que él y compartir su historia con Palabra y vida. Dios nos bendijo el miércoles con cenizas, y nos impulsa a tener el valor de continuar su jornada de contar historias.

Margarita Nuehauser dice que el contar historias es la forma más poderosa de comunicar. Al contar una historia, le pasamos a los que nos siguen: nuestra cultura, familia, e historia como nación, pueblo, iglesia, todo. Es así que nos entretenemos. Nos puede destruir o construir. Nos puede apoyar o desmoralizar. Un buen cuentista nos hace llorar, sonreír, reír, pensar, y hasta, creer. Ahora llegamos de nuevo a la historia de Jesús en el desierto, tentado por el diablo, el maestro tentador.

(Adaptado/traducido de: "Daddy, tell me a story,"
Dynamic Preaching, Vol. XXVI, 2010, pg. 57)

No es un accidente que Jesús es la Palabra de Dios, porque conocer a Jesús es conocer la historia de Dios. Dios sabía que, para comunicarse con nosotros, la mejor forma de hacerlo es por medio de una historia. Hoy recibimos la versión de Lucas. Como Mateo, Lucas pone a Jesús en el desierto para su 1ª tentación. Al opuesto de Mateo, Lucas lo sube al monte para ofrecerle el poder reinar sobre todos, y luego lo pone en el templo. El diablo quiere le probar a Dios y sus ángeles. Jesús resiste.

¿Qué podemos aprender de Jesús? Pues, sabemos que dejó el río Jordán bautizado, y fue enviado al desierto por 40 días para orar, ayunar, y reconocerse a sí mismo, su relación con su Padre, y cómo resistir a sus enemigos, dependiendo totalmente en Dios.

El diablo quería ver cómo aprendía y resistiera, y es así que nos tienta a nosotros. Usa la comida, el poder, y la necesidad para tentar a Jesús. ¿Por qué? Porque pensaba en ellos al estar a solas con Dios.

En la cuaresma pasaremos 40 días y los domingos con Dios, quien nos llama a vivir nuestra unción y ser cuentistas de la historia de Dios. Nos llama a acompañar a nuestros catecúmenos y candidatos en sus jornadas a Dios. Esa jornada incluye orar y ayunar. El orar es contarle a Dios nuestra historia, y escuchando la de Dios. El ayunar no sólo es privándonos de comida/bebida, sino el hacer lo que Isaías pedía. En su capítulo 58 encontraremos el tipo de ayuna que desea Dios:

"libera a los injustamente atados, libera a los oprimidos, comparte tu pan con los hambrientos, den un hogar a los oprimidos y los sin hogar,... vistiendo a los desnudos cuando los veas, y no dándole la espalda a los suyos." (Vs. 6-7)

Esto era la misión de Cristo y es parte de nuestra Declaración Misionera: Buenas Obras, que antes se llamaban: Obras Corporales de la Misericordia. El Orar es el 2º pilar. ¿Han captado que esos 40 días de la Cuaresma no sólo son para este tiempo sino para todas nuestras vidas? Hay que ser un pueblo cuaresmal que practica el ayuna de Isaías, la oración de Cristo, y el contar la historia de lo que Dios ha hecho por nosotros, sus hijos.

¿Qué podemos hacer que no hemos hecho? ¡Algo noble por otro! No tiene que ser gran cosa. Seamos bondadosos con otros. Busquemos al excluido y mostremos hospitalidad. Busquemos al triste y contémosle un cuento. Estemos alertos para dejar lo planeado y hacer algo más noble y divino por otros. Convertiremos a más gente con azúcar que con vinagre.

La cuaresma nos es para dejar sino de dar lo mejor de nosotros. ¿Estamos dispuestos? Vengamos a esta mesa de unidad, para partir el pan, y digamos "sí" al ser el mejor contador de historias del amor de Dios por nosotros que Cristo haya ungido.

2º en CUARESMA - ¿Puedes verla?

P. Guillermo Bausch compartió que un día, mientras caminando en frente du una tienda y su vitral, vio varios jóvenes universitarios mirando. Acercándose, los escuchó diciendo, "¡Lo veo!" con alboroto. Uno frustradamente dijo, "Todavía no lo veo." Padre miró el sujeto de sus comentarios. Era un cuadro grande. Parecía un estilo de la Nueva Era. Les preguntó, "¿Qué ves?" Le contestaron: "No te tomes por vencido, siga viendo, cambia tu ángulo de perspectiva, se aclarará." Él miró, y se fue frustrado para dar su presentación. Al regresar, lo miró de nuevo, y, en poco tiempo, lo vio, y explotó con alegría. Dentro de la pintura, el rostro de Jesús se hizo claro, y también tres cruces en el fondo, a que miren y vean lo que él vio. (Adaptado y traducido de: *60 more Seasonal Homilies*, pg. 52-53)

"Jesús llevó a Pedro, a Juan, y a Santiago a una montaña a rezar. Y mientras Él rezaba, su rostro cambio en apariencia..." ¿Pueden imaginar cómo ellos sintieron cuando, en medio de su orar, dirían, "¡Ya lo veo!"? Habían estado con Jesús tanto que no lo habían visto. ¿Ver qué? Ellos vieron quién era Jesús de verdad, y quién los había llamado, quién compartió tiempo con ellos, y que los trajo a la montaña a orar y abrir sus ojos.

¿Han mirado hacia atrás a sus experiencias y han tenido sus ojos abierto por una verdad que no habían notado antes? Yo pasé mi tiempo de sabático haciendo esto. Les digo que, al mirar a mi vida en el pasado, yo también he recibido el don de abrir mis ojos a la realidad de Dios. Esa apertura de mis ojos es mi propia experiencia de la Transfiguración.

¿Por qué es tan importante la Transfiguración? Los cuatro evangelios notan el efecto que tuvo en Pedro, Santiago y Juan. Tanto les afectó que se transformaron en los líderes de la iglesia en el primer siglo. Eso quiere decirnos que nuestras Transfiguraciones nos cambiarán en valerosos contadores de la historia de Dios. Nosotros también estamos llamados a ser pescadores de gente. Para pescar, necesitamos el equipo propio, como redes o palos, necesitamos paciencia para poder pescar y contar historias mientras esperamos que Dios trabaje en secreto.

Fuimos creados en la imagen de Dios. Jesús nació en nuestra imagen para ayudarnos a ver en el cuadro del mundo, el rostro de Dios. Estamos ciego al rostro de Dios en nuestras vidas porque no pasamos suficiente tiempo mirando, reflexionando, y cambiando en ángulo de nuestra perspectiva para descubrir el rostro de Dios en el cuadro de nuestra vida. Es como la película, "Dead Poet Society," o sea "La Sociedad del Poeta muerto," cuando el protagonista brinca encima del escritorio para que aprendieran sus alumnos que a veces hay que cambiar posiciones para ver la realidad del sendero que tenemos que tomar en la vida.

Jesús le ofreció esto a los tres apóstoles. Jesús nos ofrece lo mismo al invitarnos a orar en esta Cuaresma. El orar es pasar tiempo cualitativo con Dios y su arte, para que vean nuestros ojos, y para que nuestro corazón se abra al gozo que esa visión traerá. Tomen el tiempo para revisar su vida en el pasado, y mirarla desde el ángulo del presente, y bajo la luz del futuro. No se tomen por vencido. El rostro de Dios está allí. Véanlo y dejen que esa "experiencia Ajá" transfigure su vida ante los ojos de sus amigos, familia, e iglesia. Luego, podemos decir juntos, como lo hizo Pedro, Santiago y Juan, "Es bueno que estamos aquí."

3º en CUARESMA - Estén paciente conmigo; ¡Dios no ha terminado conmigo!

*En parroquias con RICA candidatos, usamos las lecturas para el Ciclo A en los domingos 3 a 5. Sin Embargo, esta homilía se basa en las lecturas para el Ciclo C. Se pueden adaptar para el tema del bautismo.

"Tengan fe, nuestro viñador nos dará una segunda oportunidad." Déjenme llevarlos por un viaje imaginativo de palabras.

"Pues, ¿saben qué tan grande Dios tenemos? Soy Jesé y trabajo esta tierra junto con mi esposa Vita y mis tres hijas. Hemos plantado cada árbol y la viña que se ve por millas. Yo sé todo lo de estas plantas. Estoy orgullos de ellas y las amo.

El maestro sabe poco de ellos excepto lo que le diga. Yo conozco cada árbol que dará fruto. Algunos toman más tiempo hablándoles. Otros hasta más atención, y otros son un gran desafío. Cada uno requiere un toque diferente para darles alegría y que den fruto.

Me recuerdan a mis hijas y lo que hemos hecho para criarlas. Comenzamos tratándolas igual. Eso no funcionó. Tuvimos que pasar mucho tiempo con cada una, para conocer lo que necesitaban de nosotros, sus padres. Luego, respondimos a esas necesidades, haciéndolas ver que las amábamos en acción y en palabras.

Árboles, como mis hijas, son celosos. Cada uno percibe que el otro es más amado por nosotros los jardineros y los padres. Cada uno necesita ser convencido que los amamos igual que los otros, pero diferente. Eso es el desafío más grande que tenemos. ¿Por qué? Cada uno siente, escucha, y responde diferentemente a ser estimulado. Cada trata ser lo que no son. Por ejemplo, esa higuera me dijo que el mejor árbol es un olivo, por su valor con su aceite para la comida deliciosa. Concluyó que higueras no tienen valor, y por eso nadie los quiere.

Imaginen qué difícil ha sido para mí convencer a la higuera que es exactamente lo que fue creada a ser. La razón que ha tomado tanto tiempo para dar fruto es que todavía no cree esto. Gente son semejante a esto. Gastan mucho tiempo viviendo lo que no son, cuando Dios quiere que sean lo que son.

Árboles, viñas, y gente no son tan diferente. Cada uno es amable, sagrado y cada uno es un don. Para acertar esto, se necesita tiempo, y, pasamos tiempo haciendo errores. Para convencerlos que cada uno es un don es una labor que todo buen viñador o padre hace. Jamás se tomarán por vencidos.

Pues, imaginen lo que yo sentí cuando el maestro me dijo, "Corta a esa higuera." Por dentro grité "No." Pero por fuera dije, "Dame otra oportunidad, haré algo nuevo. Si no da fruto, la cortaré." Lo que no sabe el maestro es que jamás la cortaré.

Higueras toman tiempo para dar fruto. Si no da fruto este año, convenceré al maestro que me dé un año más, y luego otro. Amo a esa higuera y jamás me dejaré vencer. Yo, como Moisés, he descubierto que esta tierra, este árbol, estas hijas, son sagradas.

Somos sagrados. Dios lo quiso que sea así. Somos tierra sagrada. Ustedes, como yo, fuimos llamados, 1º, a dar fruto que permaneceré, y luego ser un viñador en la viña de Dios. Ya que han aprendido a ser una buena viña, una buena higuera, serán llamados a tender sus propias viñas o árboles, como si fueran de Dios. ¿Amamos a nuestras viñas tal que jamás nos tomaremos por vencidos? Tenemos la oportunidad y una elección que hacer. Que seamos los mejores discípulos, es decir, alumnos que podamos ser. Así saldremos de la Misa como apóstoles, como viñadores, que cuidarán las viñas y árboles con amor, y ayudarles a dar fruto.

Si creen esto, acercase a esta mesa sagrada y celebren conmigo. Si no creen esto acerca de ustedes, acercase y dejen sus temores, dudas, y deseos al pie de esta mesa, y recuerden, Cristo, nuestro viñador, siempre nos dará otra oportunidad. Vengan y pidan por la fruta de su amor por nosotros: su vida. Tomen y coman, toman y beban, porque es comida sagrada. Háganlo en memoria de Jesús.

4º en CUARESMA - ¡Hermanos(as) serán hermanos(as)!

Hemos venido en Cuaresma, experimentando y trabajando en nuestra vida interior para preparar para la Pascua. Miramos a nuestros sueños, y, como nuestros antepasados bíblicos, experimentamos la presencia y la voz de Dios como su forma de ser con nosotros. Miremos a la parábola del Hijo Pródigo con nuevos ojos cuaresmales.

El desafío es aceptarnos y amarnos tal como somos, semejantes a los 2 hermanos en la historia. Como el más joven, nos sentimos como el mayor, que siempre obedece, el santito, pero jamás recibo la alabanza de papi. Como el mayor, nos sentimos no apegados a nuestro padre estricto, que le da grandes recursos al ingrato hermano menor.

En ambos casos, el papá hizo errores. En ambos casos, los hijos también hicieron errores. Nos sentimos nerviosos porque no tenemos mucha experiencia en el sanar divisiones familiares. Por eso miramos a cómo venir a una reconciliación y porque se debe celebrar. ¿La reconciliación es sólo el perdonarse? ¡No! La reconciliación incluye al perdón, pero es mucho más que ello. Es la renovación de la comunión entre cada uno.

Cuando chicos juegan, a veces se dañan entre sí. Expresan su rencor, su tristeza o dolor, a veces con lágrimas, y otras con rabia. Pero, ¿Cuánto tiempo dura esta división? No mucho. ¿Por qué? Porque chicos valoran más la relación que lo que causó la división. Si la mantienen, dejarían de jugar. Y, por eso aprenden a reconciliarse.

En la parábola, la división causa dolor en el hijo y el padre. Ambos toman tiempo para reflexionar en lo que ocurrió. El hijo reconoce el amor de su padre dentro de su dolor, hambre, y vergüenza. El papá reconoce sus fallos y se promete enmendar la relación si regresara su hijo.

Ese conocimiento de lo que ambos hicieron para causar la división, tuvo que pasar si se espera sanar esa división. Ambos tenían que admitir sus errores. Ambos tenían que acercarse, sacrificándose un poco, para reconciliarse de verdad. Por eso el padre quiso tener una gran fiesta. Le llegó una 2ª oportunidad de mostrar su amor y misericordia hacia su hijo independiente.

¿Y qué tal el mayor? Él también insultó a su padre como el menor lo hiso, al decidir no entrar a la celebración dado por su papá. Esto hubiera avergonzado al papá, porque era el lugar del mayor hijo estar al lado de su papá. No se resuelve la historia. Nos deja pensando que qué haríamos nosotros. El papá realiza que hiso un error con el mayor y sale hasta afuera para hablar con él. Si el mayor hubiera aceptado y entrado, no sólo lograría un aumento de la fiesta, pero se hubiera cimentado la reconciliación. El papá recuperaría su honor, y el hijo mayor tomaría su lugar como el heridor de los bienes del Padre. Pues, no sabemos lo que pasó. Nos deja imaginando las posibilidades.

¿A cuántos nos cuesta perdonar? ¿A cuántos se le hace fácil dejar las heridas del pasado, valorando más la relación que la pérdida de la dignidad? ¿Cuántos sufrimos de los celos y la envidia? Si somos celosos o envidiosos entonces somos más como el hermano mayor. No vamos a creer que Dios no cuenta nuestras transgresiones en contra, y nos llama a reconciliar, a ser shalomeros de Dios.

¿Podemos ver la esperanza en la parábola del Hijo Pródigo? ¿Podemos examinar nuestra conciencia y seguir adelante con la vida? Pues, celebremos aquí en la mesa de la comunión. Espero que se sientan siempre invitados a renovar nuestra comunión con el Dios que sale a nuestro encuentro sin límite. Reconciliémonos para que entremos en una profunda comunión con Dios al comulgar.

5º en CUARESMA - Se necesita dos, ¿no?

¿Cuántos de nosotros han tenido malas o negativas cosas ocurrir y nos sentimos que no hay nada positiva en la vida? Pues, la 1ª lectura dice que Dios proveerá agua en el desierto. Es decir, algo positivo saldrá desde la aparente negatividad. Gente piensa que el desierto es un lugar estéril. Sin embargo, Dios nos dice que somos sus elegidos, formados en su propio ser. En otras palabras, somos un regalo hecho por y para Dios. Pues, dentro de nuestra desesperación, Dios ve lo positivo y nos lo dice y nos apoya.

¿Qué nos impide descubrir lo positivo? Qué tal el miedo, el dolor, la depresión, la persecución, el trauma, y la injusticia. Qué tal la muerte, la enfermedad, el prejuicio, la tortura, el abuso, la traición, y el abandono. Todo esto nos mantiene bajo la negatividad.

Cuando perdemos a un querido, es difícil ver lo positivo dentro de nuestros sentimientos, pero allí está. ¿Somos mejores personas por haberlo conocido o no? ¡Sí que lo somos! Hay que agradecerle a Dios por el don de nuestro querido difunto.

Siempre repasamos momentos negativos o difíciles, dejando que nos sintamos miedosos, rencorosos, con deseos de vengarnos, todos repintando experiencias del pasado en nuevas formas negativas. Cuanto más vivimos en el pasado, más fuerte los sentimientos negativos surgen. Estos son los sentimientos más destructivos que enfrentaremos. ¡Pero hay que enfrentarlos!

Le mejor forma de enfrentarlos es aprendiendo a decir, "De hoy en adelante..." Jesús dijo estas palabritas a la mujer agarrada en adulterio. Ya que había escrito en la tierra, y ya que se fueron los condenadores, el dijo, "De hoy en adelante...ya no peques." Se le olvido su pasado y le regresó su dignidad en el presente, y le dio esperanza para su futuro. Es decir, le dijo, "Desde hoy en adelante, elige vivir." Vive sólo en el presente.

La palabra presente implica el ahora, en el momento. Para vivir en el presente, hay que olvidar el pasado y pensar en caminar hacia el futuro que hemos imaginado. Sólo tenemos el presente dónde vivir. Aprendemos del pasado y forjamos el futuro, pero lo ponemos en práctica en el ahora, en el presente.

Nosotros, que vivimos en el ahora, sabemos que hemos recibido un regalo: el don de la vida. La verdad nos liberará. ¿De verdad confiamos en esto? ¿Dejamos que gente nos impide crecer por recordarnos del pasado? Del pasado aprendemos a abrazar lo positivo y ponerlo en práctica en el presente, o de dejar lo negativo en el pasado para siempre. Jesús desea que nosotros, con la mujer, recordamos lo que se ha hecho por nosotros, y no lo que hemos hecho nosotros. Hay que recordar: "De hoy en adelante...," olvidando lo negativo del pasado, y regresar a vivir sólo en el presente.

"Hagan esto en memoria mía," debe tener nuevo sentido para nosotros. Nos reunimos a escuchar y hacer lo que Jesús dice: "De hoy en adelante, ámense como yo los he amado; sánense como yo los he sanado; escúchense como yo los he escuchado; y desafíense como yo los he retado." Haciendo esto nos quita lo malo del pasado, nos viste en el presente, y nos transforma para el futuro.

No es demasiado tarde. Nuestro pasado nos acusa y nos condena. Cristo nos desafía y nos invita a vivir "Desde hoy en adelante." ¿Pudiéramos aprender del pasado el encontrar lo positivo dentro de lo negativo, y vivirlo en el ahora? ¿Pudiéramos ver que Jesús realmente ha puesto *ríos de agua viva en nuestro camino por nuestros creados desiertos?"*

Vengan, celebren con nosotros en el altar de la invitación y la transformación. Demos gracias a Dios por no contar nuestros pecados en contra nosotros. Demos gracias por el don de las palabras de Cristo: "Desde hoy en adelante..." Que nos preparemos para la Semana Santa poniéndonos a rodillas un poquito más, y escribiendo en la tierra de nuestra vida los pecados que Cristo olvidó y perdonó. Hagámoslo en memoria de Él. Jamás sentiremos tristeza.

DOMINGO de RAMOS - Tenemos a un Papa raro.

Celebramos qué tan normal gente se siente cuando uno de los suyos entra en la gloria. En vez de entrar en Jerusalén como lo hizo Pilato: sobre un gran caballo blanco, Jesús entró montado de un simple asno. El mismo animal que trajo a Jesús a Belén, que llevó a Jesús a Egipto y en regreso, lo trae a la ciudad de la Paz: Jerusalén. Todo tipo de persona estaba allí para ver el evento. ¿Con quién nos identificamos más? ¿Nos vemos siendo Jesús? ¿Vemos a Jesús como una estrella que estamos observando? ¿Sentimos orgullo como los discípulos tuvieron que sentir? O ¿sentimos miedo por él como los que estaban más cercana a él sintieron? Me imagino las guardias suizas sintiendo así con Papa Francisco.

Papa Francisco causó un gran escándalo al anunciar que no iba a celebrar la Misa de Jueves Santo en San Pedro, ni en San Juan Laterán. Eligió ir a una cárcel de jóvenes. Está visitando a los prisioneros como Isaías y Mateo nos piden hacer. Él está poniendo un ejemplo para su papado para hacernos ver que eso era la voluntad de Jesús en la Última Cena. Su 1ª homilía era un desafío para rescatar a la tierra y servir al pobre.

Humildemente nos pidió orar por él, y lo haremos. Él está guiándonos en una manera no usual para un Papa. ¿Pudiéramos seguir su ejemplo? Nuestra Declaración Misionera tiene como un pilar: hacer buenas obras. ¿Pudiéramos comprometernos a hacer Buenas Obras en este año que viene? Si sí, habremos elegido el camino menos atravesado, y hará toda la diferencia en el mundo. Que la santidad de Jesús y de Papa Francisco nos afecte y se convierte en nosotros.

EL SANTO TRIDUO

JUEVES SANTO -
Inquietud es el primer paso para dejar a Dios entrar

¿Pueden imaginarse sentados en una cena especial y el amo, tomando una toalla y una cubeta llena de agua, se hinca y nos pide quitarnos nuestros zapatos y calcetines? ¿Cómo nos sentiríamos? ¿Inquieto y raro, no? Pues, es así que Pedro y el resto de ellos que se sintieron. Se le ocurrió a Pedro decir lo que todos querían decir, "¡No lavarás mis pies!"

Para Jesús, sin embargo, era un momento de enseñanza. Le dice a Pedro y los otros que para unirse a él, tenían que servir. El servicio más bajo se reservaba para el esclavo de su día. Él quiere que conozcan a Dios y lo que espera de ellos. Jesús les dice que está dándoles un ejemplo para el servicio del futuro como apóstoles, enviados a hacer lo que él hizo. Pedro, como siempre, se sobresale en su respuesta: "Entonces, lava mi cabeza y mi cuerpo, también."

Bueno, hoy el Señor nos da la toalla del servicio y nos dice, "Ya saben qué hay que hacer. Laven." Pero el acto de darnos la toalla es un recuerdo de hacer lo que hemos sido entrenados a hacer. Entonces, tenemos que elegir: o nos bajamos humildemente para servir, o dejamos que nuestra soberbia nos gane y rechazamos el llamado a servir.

El mandamiento que escuchamos esta noche es el recordar lo que fuimos llamados y ungidos para hacer: hay que ser gente-para-los-demás. Y esta noche escuchamos a Jesús, nuestro maestro, llamarnos a seguir su ejemplo, porque nos ha enseñado cada vez lo que nos hace uno con él. ¿Queremos ser parte de nuestro Señor, o no?

"Ámense como yo los he amado," nos dice Jesús a todos. Verdaderamente lo dice en una forma poderosa: se hinca y lava los pies de sus discípulos. Hay que ganarle al deseo de rechazar el servicio de otros hacia nosotros. Si no, no sabremos hacer o decir cuando intercambiamos el lugar que espera que ellos nos sirvan.

Pues, déjense amar, para que amemos así. Entonces, podremos sentarnos en la mesa de Dios y partir el pan con Dios, que está con nosotros, hasta el final del tiempo.

VIERNES SANTO -
¿Encontramos la paz en el sufrimiento de Jesús?

Acabamos de oír: "No tenemos a un sumo-sacerdote que no conoce nuestras debilidades, sino uno que ha sido desafiado como nosotros en todo." Esto debería consolarnos, porque no hay nada que Jesús no haya experimentado como nosotros.

¿Quién no ha sentido abandonado, traicionado, dañado, o burlado? ¿Quién no ha sentido la pérdida de un querido, sea familiar o animalito? ¿Quién no ha sido falsamente acusado de algo? ¡Todos hemos pasado por esto, y Jesús también!

Sin embargo, Jesús no reaccionó cómo nosotros hubiéramos reaccionado. "Él, tomando la copa dado por su Aba, dijo, "No mi voluntad, sino la tuya," dejando todo sentimiento negativo y aceptando lo que había que venir con paz.

Conversé con un esposo que había perdido a su esposa de 22 años. ¡Cómo la amaba! Estaba furioso y agitado con Dios por ser tan injusto. Mostraba su frustración, su desesperación y su rabia. Cuando terminó su historia, dijo: "He perdido mi fe. Ya no creo en Dios, porque el Dios injusto ya no formará mi creencia."

Le pregunté, "Antes que tu esposa muriera, ¿Se veía en paz o agitada?" "En paz." Seguí, "¿Era alguien de gran fe, o era un no-creyente?" "Era de una gran fe." Seguí de nuevo, "Pues, ¿por qué no regresas a la escena antes de su muerte, y veas si hay una conexión entre su fe y su paz?"

Cuando dije esto, miré a su rostro cambiar. Ya no sentía rencor hacia Dios. Sintió que su esposa le había dicho muchas cosas para prepararlo por su muerte, pero él no estaba listo para aceptarlas. Se dio cuenta que había tratado de fortalecerlo y consolarlo, pero que no le había prestado atención. Le dije, "Nunca es tarde para regresar a la escena y dejarse sanar."

Eso es lo que Jesús nos dice cuando estamos agitados con la situación de la vida. Nos dice, "Yo sé cómo te sientes. He sentido lo que tú. Aprendan de mí. Si yo tomé la copa de mi padre, toma la mía. Sentirás la paz que traerá." Ese es el mensaje del Viernes Santo. "Vengan a mí todos Uds. que están cansados y sobre-cargados, y les daré descanso."

Que el resto del día de hoy y mañana sean días de Descanso con Dios. Regresemos a las escenas de la pasión de Cristo y de nuestras experiencias de pérdidas o muertes. Que nos sanen. Así podremos celebrar con gozo en la Vigilia Pascual la resurrección de Jesús, nuestro salvador. Podremos sentir la paz que sólo Dios puede dar.

VIGILIA PASCUAL -
¿Damos testimonio de la presencia de Dios?

Rabí Abraham Heschel escribió: "No hay pruebas de la existencia de Dios… sólo testigos."
(Traducido y adaptado de: "Está Vivo," <u>Dynamic Preaching</u>, Abril 1993, pg. 3)

Cuando alguien nos demanda una explicación de la existencia de Dios, sólo podemos describir la experiencia que tenemos de su presencia en nuestras vidas. Nada puede convencer a alguien mejor que el testimonio que nos cambió para siempre. El que está convencido, sólo puede dar testimonio de esa verdad. María Magdalena trató de hacerlo y la rechazaron los apóstoles, llamándola "¡Mujer loca!"

Necesitaban pruebas físicas y visibles para quedar convencidos. Pero Jesús les dijo, "Benditos los que no ven, y sin embargo, creen." Ese "los" es nosotros. Estamos aquí porque vimos y creemos. Hemos visto la presencia de Dios en nosotros mismos, en nuestros hermanos, y en este magnífico universo.

Un famoso escritor dijo una vez que hay tres cualidades que marcan al cristiano: una mente tranquila; un gozo insaciable; y un amor hacia afuera. Cuando oramos como si todo dependiera de nosotros y actuáramos como si todo dependiera de Dios, tenemos paz en nuestra mente. La paz viene cuando sabemos que somos instrumentos de Dios en la sinfonía de la vida.

Un sacerdote vino a la clase del 2º grado, preguntándole a sus alumnos: qué fue lo que dijo Jesús al haber resucitado. Una chica alborotada dijo al estilo de un mago: "Tah Dah." El gozo de un chiquillo nos capta como si viéramos que la vida eterna es una vida de risa. El gozo nos puede infectar. Déjanos ser infectados esta noche.

Cuando nos enamoramos, ¿no nos podemos callar, verdad? Es como si no nos podemos parar de contarle al mundo entero. Pues, Dios amó tanto al mundo, que lo perdonó porque no sabe lo que hace. Pues, Dios amó tanto al mundo que se hincó y lavó los pies de los que lo iban a traicionar, negar y abandonar: a nosotros mismos. Pues, Cristo tanto amó al mundo que tomó la copa del plan de Dios para él, y la llenó de nuevo para que pudiéramos tomarla y beber. Pues Dios amó tanto al mundo que nos mandó a los que serán bautizados, confirmados y que recibirán su primer pan de vida y copa de la salvación y misión.

Cuando tomemos y comamos, que lo hagamos juntos con mente tranquila, con gozo insaciable, y con el amor que se extiende por el otro. Que la tumba de tristeza y depresión sea cambiada por el vientre de gozo y placer divino. Que alabemos a Dios y lo bendigamos porque el Dios-con-nosotros ha cumplido sus promesas. Que resucite en nosotros hoy y para siempre.

PASCUA - ¿Hemos nacido de nuevo?

Un hombre nació 2 veces de la misma mamá. Un día estaba llevando a su mamá a un funeral. Había atendido a demasiados; la de su esposo, su hermano, y sus amigas. Sobrevivía a los que conocía, pero no sin pena ni dolor. Había perdido su dinero, sobrevivido ataques de corazón, de lágrimas incontrolables, y de la depresión. Su vejez era de dar miedo. Mientras iban, calmadamente hablaba de su pésame y funeral.

Tenía instrucciones para compartir y las quería cumplido. De repente dijo, "Voy a dejar al miedo." Su hijo le miró y los ojos de ambos se fijaron en el otro. Jamás recordaba más seria conversación. "Todo mueren. Nada se queda. Estoy abandonando el miedo." Lo dijo como nada. Para ella, no era una gran cosa.

"Lo he intentado," dijo su hijo. "No es tan fácil." Había vivido con temores toda su vida: Temor de enfermarse y morir, temor al futuro, de perder su dinero o su trabajo. En un momento de luz, se le ocurrió que había vivido su vida bajo el temor. El temor había controlado su vida, casi como si estuviera en la cárcel. Era el factor que motivada sus decisiones toda su vida.

Mirando a su mamá, notó que su rostro estaba radiante. Jamás hablaron de ello, pero su mamá comenzó a cambiar. Nunca se había detenido en compartir sus opiniones, pero ahora se lanzaba, hablando de todo tipo de temas, pero con una autoridad que jamás había tenido. No, es una sabiduría desde su corazón, llena de comprensión y tolerancia de la condición humana, y también tenía fuerza y gentilidad.

La gente desea estar con ella. No pueden decirte lo que les da, pero saben que cada vez que se encuentran, se sienten más enriquecido por ese encuentro. Tomó más de 9 meces esta vez, pero ella dio a luz al espíritu de su hijo. Había estado enterrado en las tinieblas de su alma temerosa. Necesitaba una combinación de respiros y empujes, pero salió. Hace años dio a luz a su cuerpo, y ahora dio luz a su espíritu.

Jesús sabe esto y lo comprende. Una mujer le dijo una vez, "Dichoso el vientre que te cargó y los pechos que te mamaron. Y él le respondió, 'Dichoso el que escucha la Palabra de Dios y la vive.' Lo dijo no para corregirla sin para dar otra verdad paralela. María dio a luz a Jesús. Pero necesitaba una interacción, el trato de cada día para dar a luz a su Espíritu. Ella y José levantaron su conciencia más allá del miedo hasta las alturas del amor. Él también nació dos veces. (Adaptado de: "The Spirit is a 2nd Womb," en Gospel Light por John Shea, pg. 94-96)

Este renacer es un don. Estamos aquí porque nacimos una vez del agua y del Espíritu por medio de una mujer: La Santa Madre Iglesia. No es, ni nunca fue, perfecta. Pero errores no destruyen el Espíritu, como vimos con el joven y su madre. Errores pueden llevar a alguien a la depresión, la negatividad, y el temor, pero estos pueden ser superados. Una madre dijo, "Voy a abandonar el miedo," y actuando sobre ello para lograrlo en él. Ella cambió para siempre. Y cambió al hijo. Una mamá cambió a Jesús también porque él también había sentido miedo.

Todos hemos sido maltratados una vez en la vida. Como respondemos a eso puede llevarnos a dudar, o a ser deprimido. Todos hemos necesitado encuentros que nos sanan y nos dirigen hacia Dios.

Espero que han tenido semejantes encuentros aquí, en la parroquia. Le miramos al miedo en su rostro y decidimos abandonarlo. Usaremos las semanas que vienen para continuar el proceso de abandonar el temor, el miedo. Este ambiente de la parroquia nos nutrirá para poder dejar el miedo para atrás.

La cruz es un símbolo de la victoria. Estamos libres para elegir cómo simbolizará en nuestras vidas. Si creemos en la levadura que gente, llena de fe, nos da por su amor, podemos ser pan vivo para el mundo. ¿Qué dicen? ¿Creen que podemos dejar al pie de la cruz los miedos que nos impiden conocer a Dios íntimamente? ¿Podemos vivir el resto de nuestra vida como gente que se dejó cambiar para siempre por la gracia de Dios? Si sí, celebremos nuestro renacimiento en el Espíritu de Dios. Partamos el pan y reconozcamos a Jesús, quien nos llama a hacerlo todo en memoria de él.

2º en PASCUA - Hasta Cristo dudó.

¿Quién no ha tenido dudas en su vida? Hemos venido la parroquia de muchos países del mundo. Al escucharlos, escuché dudas en todos. Unas dudas son serias y otras más normales. Lo bueno aquí es que podemos identificarnos con el hecho que somos gente de fe y gente con dudas, y eso está bien. Hasta Cristo dudó. También una futura santa: la Madre Teresa de Calcutta.

Parece que le dio un "shock" a muchos cuando se descubrió en su diario que tenía dudas. ¿Estaba haciendo el trabajo correcto para ella? Dios realmente existe, y si es así, ¿se preocupa por nosotros? ¿Cómo se puede considerar a alguien dudoso para ser canonizada? "Padre, quítame esta copa, pero no mi voluntad sino la tuya que se cumpla." Eso era Jesús dudando y superando. Pues esto debería consolarnos junto con la escena con Tomás en el evangelio de hoy.

Jesús, Tomás, y Madre Teresa son ejemplos para nosotros. La duda es una invitación a mantenernos fieles. Ellos lo hicieron. La reacción de Tomás al alboroto de los demás es normal para nosotros que hemos sido criados en el tiempo de duda, que necesita tocar, oler, y probar. La de Madre Teresa era normal también. Pues, ¿cómo no pudiera dudar Jesús ante la muerte que le venía? No dejaron los 3 tomarse por vencidos por sus dudas. Manteniéndose fiel les trajo el premio de una fe confirmada.

¿Reaccionamos todos igual cuando la vida nos da un golpe, cuando un querido muere, o al perder nuestro trabajo, o cuando no logramos el trabajo que hemos buscado? ¡No! Algunos necesitamos la compañía de queridos para enfrentarnos con la pérdida. Algunos tenemos que estar a solas para reflexionar acerca de qué hacer. Otros somos habladores y tenemos que compartirlo todo. Otros somos los que escuchan, oyendo cómo otros solucionan sus situaciones. Unos somos líderes naturales, capaces de tomar una situación y ayudar a dirigir las voluntades de otros. Otros somos los que buscamos fuerza en el otro. Y luego unos somos los que tenemos que hacer todo a solas.

Jesús, Tomás, y Madre Teresa necesitaban estar a solas antes de regresar a estar con los demás. Tomás estaba deprimido al perder a su querido Jesús. Salió para pensar, estudiar sus opciones, y llegar a una solución. Ya que lo hizo, regresó y recibió una sorpresa. Cual sea la razón, reaccionó necesitando pruebas. Me hace recordar una historia:

> Mucha gente dice: "Yo no tengo que asistir a ninguna iglesia. Yo puedo alabar a Dios en mi propia manera." A un viejo y sabio sacerdote alguien le dijo esto mientras estaban junto a un fuego de campamento. El viejo sacó a una braza de carbón ardiente y la puso encima de una piedra. Los 2 miraron qué rápido se apagó. Se dio cuenta el joven que para que una braza siga ardiendo, se necesita brazas compañeras que arden juntos. La fe es semejante a esas brazas. Se necesita compañeros en la fe.
> (Traducido de "Who is Thomas' Twin," <u>Telling Compelling Stories</u>, por W. J. Bausch, pg. 112)

Nosotros, como esa brasa de carbón, necesitamos a otros para que el fuego de la fe siga ardiendo. Para que siga ardiendo el fuego, hay que añadir brazas. Eso es lo que los recién bautizados son para nosotros: nuevas brazas. Tomás y M. Teresa necesitaban brazas también. Tomás lo tomó al extremo de NO creer hasta que pudiera ver y tocar. ¿No creen que Tomás es como nosotros? M. Teresa vio y tocó a los más pequeños en el reino de Dios y creyó.

Estamos aquí porque aceptamos la misión de Cristo, recordando y alabando el hecho de haber tocado las heridas de Cristo en el mundo. Queremos que Cristo remueve toda duda de que hemos hecho una diferencia en el mundo. Hemos formado una comunidad de brazas de fe ardientes, y es eso que nos ha quitado la mayoría de nuestras dudas.

Nos hemos juntado, con nuestros dolores y penas, para ver, tocar y creer como lo hizo Jesús, Tomás, y M. Teresa. Al partir el pan de nuestras vidas de fe, digamos "Amén" a la misión. Digámoslo como los hizo Tomás, diciendo, "Señor mío y Dios mío."

3º en PASCUA ¡Déjense pescar y vayan a pescar!

Todos somos diferentes, pero compartimos la imagen y semejanza de Dios. Algunos somos introvertidos, y otros, extrovertidos. Algunos trabajamos mejor al madrugar, y otros en la noche. Unos aprendemos por la vista, otros oyendo. A unos nos gustan sorpresas, a otros, no.

Los apóstoles son como nosotros. En sorpresas, le encantaban a Pedro, a Tomás no. Tomás no se contentó cuando los otros le dijeron, "Hemos visto al Señor." Pedro se super-contentó cuando oyó, "Es el Señor." Por fin Tomás creyó, pero sólo después de haberlo visto y tocado. Pedro se alborotó tanto que se vistió en el barco y luego brincó vestido en el agua para ir a verlo. Tomás enfrentó su pérdida a solas. Pedro se llevó a sus amigos a la pesca. Sin embargo, Cristo los llamó.

Vemos el mismo alboroto cuando bautizamos. La vida vieja de la duda se deja por la vida de fe. Pero la fe no se da una vez y para siempre. Pide disciplina para seguir a Cristo. ¿Cómo mantenernos en el camino?

"La fe no se enseña, se pesca." Si es así, ¿hemos sido pescados o pescamos? Pues, tengo que decir "sí" a las 2 preguntas. Aunque fui criado católico, elijo esta fe, esta iglesia, y lo que es ser católico. Mi fe es la mía.

Me siento bendecido practicándolas. Otros se sienten bendecidos viéndome practicarlas. Aunque elegí ser católico, reconozco la necesidad de conectar con otros, para que no nos sintamos solos. Cuando conecto con otros como yo, dejamos a Cristo fluir por medio de nuestra unidad.

Al reconocer que necesito a otros, puedo enfrentar la adversidad tal como se aparezca. Pruebas retan la fe, crean duda, o nos infectan cuando nuestras defensas se bajan. Eso es cuando necesitamos ir a pescar. Por eso Pedro y sus compañeros fueron a pescar: para pensar en el qué hacer.

El estar abierto a encontrarnos con Dios, dejamos a Dios entrar. Es esa apertura que nos ayuda a ser pescado vez tras vez. El pasar tiempo en la presencia de Dios y estar consciente de ello, puedo ver pescar y ser pescado como oportunidades de estar con Dios. La fe es una jornada increíble. Vayan a pescar pero déjense pescar también.

Adaptado de: "Are you still fishing?" by Ian Mascarenas

Necesitamos a otros para mantener la fe. Si mantenemos apertura a Dios, seremos apóstoles, enviados por Cristo como misioneros. La Fe nos es sólo fe en la persona de Cristo, sino también en su misión de ser pescadores de gente. Somos pescados para pescar. Tomás descubrió que no estaba listo para ser pescado. Le entró la duda. Al regresar al grupo, fue pescado y dijo, "Mi Señor y mi Dios." Pedro y los otros fueron a pescar. Este tiempo de reflexión los preparó a ser pescados.

Ahora, nos toca a nosotros. ¿Estamos pescando o dejándonos pescar? Si pescando, hagámoslo juntos, como una red o comunidad de pescadores. Hacer esto fortalece la fe que nos mantiene fieles, y nos permite ser pescados cuando más lo necesitamos. Si ya estamos pescados, dejémonos ser enviados como pescadores para Cristo. are. If we are already hooked, let's be sent as Christian fishers of people.

Sólo alguien que ha sido pescado puede responder a: "¿Me amas?" con "Sí, Señor, tú lo sabes todo. Tú sabes que te amo." Sólo alguien que va a pescar estará listo para brincar en el agua cuando se deja pescar. En cualquiera de los 2, necesitamos a una comunidad, una iglesia, aun siendo tan disfuncional como lo fueron los apóstoles originales.

Dejémonos ser pescados en este tiempo de Pascua. Si lo logramos, seremos enviados a pescar. Acérquense al altar, el barco de pesca del Señor, y dejémonos ser pescados de nuevo para que seamos enviados al final de la misa a pescar a otros por el amor recibido para ser compartido. Vayamos al mundo de pescados perdidos, dejarnos ser cañas de pescar por el mismo Dios que nos pescó.

4° en PASCUA - ¡El amor de Dios no tiene fronteras!

Cuando pertenecemos en un grupo, trae con ello responsabilidades. Hoy, cuando poca gente acepta responsabilidad por sus acciones, hay que mirar a una oveja para buenos ejemplos de actuación. ¿Qué es lo que una buena oveja requiere de nosotros? Pues el evangelio nos dice que "Mis ovejas conocen mi voz y yo conozco a ellas." En estos días de tantos ruidos, ¿podremos discernir la voz de Dios? Las ovejas buenas de Dios reconocen su voz y la obedecen. Nos debería consolar saber que Dios conoce nuestra voz también.

> Hay una tribu en Camerón llamado los Hdi. Un traductor descubrió que sus verbos terminan con "i, a, o u." El uso de esos vocales determina su sentido. Es interesante que las 2 palabras para <u>amar</u> son <u>dvi</u> o <u>dva</u>. Nunca usaban amor como <u>dvu</u>. Le preguntó a los líderes, "¿Pudieran <u>dvi</u> a su esposa? Claro que sí. Quiere decir que ella fue amada, pero que ya no." "¿Pudieran amarla con <u>dva</u>?" "Sí, con tal que se mantiene fiel y que se preocupara de su esposo." "¿Pudieran amarla con <u>dvu</u>? Todos se rieron, pero luego comenzaron a llorar. "Si lo harían, tendrían que amarla, haga lo que haga, aunque no te trajera agua. Al amor como <u>dvu</u> no existe."
>
> El traductor preguntó, "¿Pudiera Dios amar, dvu, su pueblo? Los líderes Hdi reflexionaron y de repente empezaron a llorar. "Eso implicaría que Dios nos amaría siempre, aun cuando rechazáramos su amor. Dios se obligaría en amarnos, aun cuando pecamos más que nadie." Después de la discusión, la 3ª palabra significando amor, dvu, fue añadido a la traducción de la biblia, describiendo el tipo del amor que nos tiene Dios: sin fronteras, condiciones y límites.
> (Adaptado de: "Belonging to Christ's flock," <u>Dynamic Preaching</u>, April, May, June, pg. 14-15)

Los Hdi descubrieron lo que los griegos sabían: que hay 3 palabras significando amar. El amor de Dios, dvu, es un amor sin condiciones. ¿Lloraríamos si creyéramos que Dios nos ama sin condiciones? Le pido a Dios que así sea, porque eso es el amor de Dios.

Dios nos ama más que imagináramos, y nos llama, pecadores, pero con la habilidad y el don de elegir vivir o morir, de ayudar al mundo vivir en Dios o morir afuera de Dios. Pues, ¿estamos afinados a la voz de Dios en la naturaleza, en otros y en nosotros, o no? Si sí, entonces tenemos el don de discernimiento, la habilidad de distinguir entre muchas voces que compiten por nuestra escuchar la voz de Dios. Ese don nos ayudará a mantenernos en el camino.

Para recibir esa gracia, hay que pasar tiempo con Dios, hay que orar. Si amamos a Dios más que nada, desearíamos pasar tiempo con El. ¿Lo hacemos? ¿Nuestras vidas muestran que seguimos a Dios o que amamos al prójimo como Dios nos ama?

Jesús es el Cordero de Dios y el Buen Pastor. El Buen Pastor conoce las voces de sus ovejas. Sus ovejas no son solo católicos o cristianos. El dijo que algunas de sus ovejas no pertenecen a su rebaño, y que él es su pastor también. Ahora, si Cristo tiene dos roles en la vida, la de cordero y pastor, y él es nuestro ejemplo del amor de Dios, prójimo, nosotros, y el universo, ¿no creen que también tenemos los mismos roles? Como ovejas hay que reconocer y responder a la voz del Buen Pastor. Como pastores, hay que reconocer la voz de Dios entre todas las otras voces de las ovejas encomendadas a nuestro cuidado.

Ambos roles tienen su lugar y su tiempo. Hay que saber lo que es ser ovejas para saber qué hacer para que escuchar y discernir cómo llamar a las ovejas que han sido encomendados a nuestro cuidado. Dios habla siempre y en toda forma, pero somos nosotros que no tendemos a escuchar. No es igual a oír. Escuchar es oír con una intención.

Oremos agradeciéndole a Dios y la Tierra, por darnos el trigo y las uvas que compartimos en forma de pan y vino. Demos gracias a Jesús, cuya misión se convierte en la nuestra cuando respondemos a su llamada. Y demos gracias por criarnos como sus ovejas que tenderán a otras ovejas como le pidió Jesús a Pedro.

5º en PASCUA - Hay que cambiar o morir.

Fr. Adolfo Nicolás, S.J., el General de los Jesuitas, escribió en una carta a nosotros que hay que cambiar o moriremos. Implicó que hay que adaptar al mundo que está cambiando e influir en sus cambios. Hay un problema en que resistimos el cambio. ¿Por qué? Algunos resisten por temor. Otros resisten porque no quieren salir de su zona de conforte.

Nosotros jesuitas somos entrenados a mudarnos en cualquier momento, y a no tener afecciones desordenados a menos que sea al promover una fe que hace la justicia. Si lo dijo el P. Adolfo, es porque está mirando a la compañía de Jesús careciendo de la disponibilidad.

Para mí, jesuita y párroco, deseo dejar un lugar mejor que lo encontré. Hemos pasado 10 años juntos, y creo que nuestra visión compartida ha cambiado a la parroquia y para lo mejor. Jesús le dice a sus discípulos: "Así conocerán que son mis discípulos, por el amor que tienen entre Uds." (Jn 13:35) Nada cambia a uno más que el saber que es amado. Creo que nos amamos. A veces estamos demasiada cerca a la acción para poder confirmarlo, pero los recién llegados lo ven.

Una alumna de 87 años me saludó: "Soy Rosa y tengo 87 años. ¿Pudiera darle un abrazo?" Me reí y dije que sí. Le pregunté, "¿Por qué estudiar a tu edad?" Me dijo, "Porque quiero a un esposo rico, a varios hijos, y luego jubilarme y viajar." "¿De veras?" Dijo, "Siempre soñaba el tener una educación universitaria y ahora lo estoy logrando." Después de clase, fuimos a tomar un café. Nos hicimos instantes amigos. Por los siguientes 3 meces casi me hipnoticé escuchando su sabiduría y experiencia. Durante un año se convirtió en un icono de amistad. Le encantó la atención que todos le daban.

Al final del semestre la invitamos a dar una lección. Jamás me olvidaré lo que nos dijo. Vino preparada con tarjetitas de apuntes. Cuando subió al ambón se les cayeron sus tarjetas por sus nervios. "Perdóname. Dejé de tomar cervezas en la cuaresma, y el whiskey me está matando. Mira, les voy a hablar corazón a corazón.

"No dejamos de jugar por hacernos viejos; nos hacemos viejos pro haber dejado de jugar. Sólo hay 4 secretos para seguir siendo joven, feliz, y tener éxito.

"Ríanse cada día. Tengan un sueño. Cuando perdemos nuestros sueños, morimos. Mucha gente anda por el mundo muertos sin saberlo. Hay una gran diferencia entre haciéndose viejo y creciendo. Tengo 87 años. Si me quedo en cama sin hacer nada, al final del año tendré 88. No se necesita talento lograr un año más. Para crecer se reconoce una oportunidad dentro del cambio.

Vivan sin remordimiento. Los ancianos sienten remordimiento no por lo que hicieron sino por lo que no hicimos. Los únicos que sienten remordimiento son los que temen morir." Concluyó cantando la canción llamada, "La rosa." Nos aconsejó leer las palabras de la canción. Al terminar el año, Rosa logró graduarse con su título. La semana después, murió en su cama en paz. Más de 2000 atendieron su funeral. La alabaron por haber vivido por su ejemplo el ser todo lo que podamos ser. Las siguientes palabras son un resumen de la memoria amorosa de Rosa.

Recuerdan: el envejecer nos pasa, el crecer es opcional.

Leyendo entre sus líneas veremos el amor que Rosa tenía por ser humana y por la humanidad. Su consejo es tan verdadero hoy que en su tiempo. No dejamos de jugar porque nos envejecemos, nos envejecemos por haber dejado de jugar. Hay que reírnos cada día, hasta de nosotros mismos. Hay que identificar y vivir nuestro sueño vital, el sueño que Dios inscribió en nosotros, el que vemos cambiar el mundo. Hay que crecer al ver y tomar la oportunidad que nos presenta el cambio, dejar de acusar a otros por nuestras malas decisiones y vivir sin lamentar.

Han visto cambios aquí, y vendrán más. Pronto tendrán un nuevo párroco. Yo tendré un nuevo cargo. Todos tenemos elecciones que hacer: o abrazar al cambio o resistirlo. Rosa lo abrazó aun a los 87, y ella causó una diferencia en 2000 que la lloraron. Hay que abrazar lo inevitable.

Si confiamos que Dios está en los cambios, nos ayudará a sentirnos consolados. "Haré nuevas a todas las cosas." La Santísima Trinidad es parte de esa "todas." También nosotros. Hay que crecer sin lamentar. Abrazando los cambios dados por Dios es la forma de evitar lamentar. Resistir el cambio lleva a lamentar. La decisión es nuestra. Eligen bien.

6º en PASCUA - ¡Recuerden!

Una persona dijo que el propósito de vivir es hacer memorias. Si las escribimos, las tendremos para el futuro cuando nuestros cuerpos ya no funcionan suficientemente bien para seguir trabajando. Cuando vine hace 10 años, había cerrado mi cajita de memorias de mi anterior parroquia, Cristo Rey en San Diego. Vine con una nueva caja, esperando poder poner más memorias que pudiera compartir en el futuro.

Mi visión para trabajar en parroquias en general y aquí en particular, no ha cambiado. Persigo una comunidad de comunidades que oran juntos, batallan juntos, juegan juntos, sueñan juntos, lloran juntos, implementan juntos. Busco tener una parroquia en que niños, jóvenes, adultos-jóvenes se sienten en casa.

Recorté una caricatura del periódico que muestra a un sacerdote despidiéndose después de misa de los feligreses. Al lado un niño mira hacia el altar y dice, "¡Gracias Diosito! ¡Me divertí mucho hoy!" Yo sueño en una parroquia e Iglesia que es así de contento y agradecido a la vez.

En estos 10 años, hemos crecido juntos en una parroquia ejemplar. Juntos hemos aprendido en la teología de <u>ver</u>. El ver tiene más que dar con los ojos regulares. Hay que ver con ojos interiores. Sin los dones de ver y visión, ¿cómo pudiéramos decir que conocemos y amamos a Dios?

Una profesora de cosmología compartió una frase acerca del don de ver y la visión. "Hay que ver a Dios en todo y ver a todo en Dios." Su pasión por la frase me recuerda la idea ignaciana de ser <u>contemplativos en acción</u>, o sea, de ver a Dios en todo y responder con amor compasivo. ¿Descubrimos el amor de Dios como dice nuestra declaración misionera: por medio de alabanza, oración, estudio y buenas obras? ¿Somos contemplativos en acción?

Cristo dijo, "Quien me ama guardará mis preceptos." Simplemente dice que hay que amar a Dios con todo nuestro ser y al prójimo como Dios nos ha amado. Estoy seguro que los apóstoles no entendieron todo, y por eso Cristo les prometió el Espíritu Santo para enseñarles y mostrarles todo. Dios creó al universo en una explosión de amor. Por estar Dios en todo, hay que amar a todo cómo Dios nos quisiera que lo amemos. Por eso dijo, "Sean mis testigos… a todo el mundo." Hay que dar testimonio del amor que Dios nos tiene.

¿Cómo amaremos a todo lo que Dios ha criado? Empecemos con nosotros. Lo que metemos al cuerpo, alma, y mente muestra si nos amamos o no. Lo que hacemos con el agua y la tierra muestra si amamos a la creación de Dios o no. ¿Nos extendemos por los que no tienen en este mundo como nos lo pide nuestro Papa Francisco? Parece que el dinero se ha convertido en nuestro Dios. Amontonamos a cosas en vez de buenas relaciones.

Si vamos amontonar algo, que sean nuestras memorias. La vida es demasiada corta para pasar el tiempo con cosas en vez de personas. Hay que darle a Dios los dones de nuestra gratitud y el amor a todo lo que nos ha dado. "Por esto conocerá el mundo que son mis discípulos, por el amor que tienen unos por los otros."

¡Qué rápidamente han pasado los últimos 10 anos! ¿Sus cajitas de memorias de la parroquia están tan llenas como la mía? No es demasiada tarde. Solo se necesita es el ver a Dios en la parroquia en de ver a la parroquia en Dios. Entonces podemos decir como una gran canción lo dice: "Una vez era ciego, pero ahora veo."

Padre Eduardo A. Samaniego, S.J.

ASCENSIÓN -
¿Qué hacemos con nuestro tiempo intermedio?

2 ángeles les dicen a los discípulos: "¿Por qué están aquí parados mirando hacia el cielo?" ¿Quién no se enoja cuando alguien no quiere darnos el tiempo que necesitamos para pensar en cómo seguir adelante? Cómo nos choca este tipo de persona, ¿no? La razón que nos choca es que no se dan cuenta que necesitamos un tiempo *entremedio*.
Por eso Cristo y la Iglesia nos dan el periodo llamado: *entremedio*. Estamos *entremedio* del tiempo en que Jesús los deja y viene el Espíritu Santo. Jesús los ha dejado a reflexionar acerca de su futura situación, de qué hacer sin su presencia, y cómo salir adelante. Cristo prometió el Espíritu, y él vendrá a ayudarnos.
Me ha hecho pensar en mis tiempos *entremedios*. Al oír esto, ¿En qué pensaron? ¿Han tenido Uds. periodos entremedios? ¿Cuántos de Uds. fueron a la universidad en otra ciudad? ¿Cómo se sintieron al salir de su casa, o cuando les dejaron sus padres y se fueron por 1ª vez? (pausa) Ya ven, sí han tenido una experiencia de entremedia.
Mamás e hijos, ¿se mudaron de una vecindad a otra, o de una ciudad a otra? ¿Cómo se sintieron al dejar todo lo conocido? Dejaron la familia, los vecinos, las plantas, los árboles, los animales, y las amistades. (pausa) Ya ven, otra vez han tenido una experiencia de *entremedia*.
¿Cuántos han perdido a un familiar, a un vecino, a perro o gato, a la muerte? ¿Cómo se sintieron al oír las noticias de la muerte?
Los discípulos se quedan mirando hacia el cielo, contemplando dónde se había ido Jesús, y todo lo que les había prometido para enfrentar su realidad de seguir adelante sin Cristo. Por eso les forzaron a los discípulos a su tiempo *entremedio* y seguir adelante.
Si no lo hacemos con tiempos *entremedios* con los sentimientos que traen esos tiempos, entonces jamás comprenderemos lo que estaban sintiendo los discípulos de Jesús. Tampoco vamos a poder ayudar a nuestros queridos enfrentar sus realidades y sus periodos *entremedios*. Solo vamos a poder decir: "Haz lo que te digo, no lo que hice." Y como sabemos, esa frase, dicha o interpretada, no ayuda a nadie.

¿Cómo confrontaron los discípulos su *entremedio*? El evangelio dice que 1° hicieron reverencia, rezaron. La combinación de la orar y las palabras de los ángeles los dejaron alegres. Después se encontraban en el templo, compartiendo siempre testimonio de la grandeza de Dios.

Pues, ellos nos han dado una fórmula para confrontar los periodos *entremedios*: Hay que orar. Hay que decirnos que necesitamos que Jesús sane nuestras heridas y carencias. Luego, tenemos que dejar que Jesús nos llene de gozo, alegría y paz. Y final, hay que compartir con cualquiera que escuche lo que Dios nos ha hecho. Esto es evangelizar.

Orar, dejar que Dios opere, y evangelizar: 3 pasos para nuestros periodos *entremedios* que se convierten en oportunidades de crecer y recibir gracia. ¿Podemos orar por lo que necesitamos hoy? ¿Podemos dejar que Dios nos forme y nos transforme? ¿Estamos dispuestos a compartir con cada uno lo que Dios ha hecho por nosotros? Si sí, demostremos gratitud, porque es gracia de Dios, del Consolador, del Espíritu Santo. Si todavía no, pues entonces recemos aquí en esta mesa por la gracia de poder dejarnos formar por Dios.

Que Dios nos bendiga. Que bendiga nuestras madres en su día, y a los "teenagers" y a todos que están pasando periodos pésimos entremedios. Que podamos ser como los ángeles, diciéndoles a los que les gustan mirar al cielo que dejen de hacerlo y que empiecen a compartir.

PENTECOSTÉS - El Espíritu es la nota adhesiva de Dios.

Satis Prasad, un cura hindú, en una entrevista dijo que vino al USA a convertirnos. Aún hindú, vino a convertirnos al cristianismo. Dijo que cristiandad se había convertido en costumbre, y no en forma de vivir. Vino a convertirnos a poner en práctica lo que predicamos.
(Adaptado/traducido de "You might be a redneck if...",
Dynamic Preaching, Vol. 28, No. 2, 1998, pg.54)

¿Qué? "¿Cristiandad se ha convertido en costumbre, y no en forma de vivir?" Lo que Satis comprendió es que decimos que somos cristianos, pero nuestras acciones/decisiones muestran lo lejos de Cristo estamos. Hoy es Pentecostés, cuando Dios vino íntimamente a nuestro ser.

El evangelio de Juan dice: "El Espíritu Santo...les enseñará todo Y les recordará todo lo que les dije." Me ha hecho pensar que el Espíritu Santo es una nota adhesiva de Dios. ¿Qué es una nota adhesiva? Es una invención de papel con goma por detrás. Se escribe una nota en frente y se pegar a una pared para que nos recuerde a hacer algo.

Satis y el Espíritu nos recuerdan que palabras son gratuitas y que lo necesario es acción. Nuestras acciones hablan más fuerte que palabras. Francisco de Asís lo dijo: "En todo prediquen el evangelio, y si necesario, usa palabras." ¿Nuestras acciones muestran que pertenecemos a Cristo? Si me encarcelaran por ser cristiano, ¿tendrían para condenarme?

¿Recuerdan lo creído que eran los discípulos antes de la muerte de Jesús? ¡Se pararían con Él! Pero sabemos lo que hicieron. Y después de la resurrección, temían tanto que Jesús les dijo que se quedaran en Jerusalén hasta la venida del Espíritu.

Pues, ya que llegó, "Se llenaron del Espíritu y hablaron en otras lenguas, según sus habilidades..." Recibieron tantos dones, carismas, y sabemos lo que pasó. Ya que el Espíritu se adueña de nuestro corazón y alma, ya no podemos dejarlo ir. Ya expuesto al Señor, Jesús puede hacer en nosotros maravillas. Eso es lo que celebramos hoy.

¿Cómo saber que el Espíritu está presente? 3 formas: 1°, una vida transformada; 2°, no hay paredes entre creyentes; y 3°, se ve la iglesia empoderizada. Si somos igual antes del bautismo que después, no estamos cooperando con el Espíritu Santo. Si declaramos a Jesús nuestro Señor, y no hemos perdonado al prójimo o servido al pobre, no se siente en casa el Espíritu. Si el pueblo no está llenando de poderes a la iglesia, entonces el Espíritu no está con nosotros.

¿Cómo saber que el Espíritu nos ha dado dones? Contesten: ¿Cómo quisieran ser recordados al morir? ¿Estamos viviendo así ahora? Si sí, el poder del Espíritu está inscrito en nuestro corazón. Si no, no estamos cooperando con el Espíritu para transformar al mundo.

Para ser transformados, hay que vivir como si ya lo fuéramos. Si no ayudamos a otros a ser más felices en la misión de Jesús, no somos sus notas adhesivas. La influencia del Espíritu debe fluir en nosotros. Se nos da libremente, y hay que recibirla libremente.

"¿Qué valor tiene una pluma? Depende en quién la usa. ¿Qué valor tiene una manguera? Depende si está conectada a una grifa o no. ¿Qué valor tiene un humano? Depende si está lleno del Espíritu Santo o no. Si sí, un cristiano es fuente de esperanza y es una nota-adhesiva de la misión de Dios. Si no, no.

Caridades Católicas es una Nota Adhesiva de Dios en San José. Escuchen para que respondamos todos con generosidad.

LA TRINIDAD - Buenas obras son el camino de Dios.

Proverbios dijo algo: "Dios se delicia en la humanidad." El amor de Dios es muy grande, ¿no creen? Escuchen un cuento de descubrimiento.

En la película: "El Hombre que jugó siendo Dios," un famoso y rico músico, empezó a perder su oído, causando depresión y rencor al mundo; abandonó a sus amigos, su familia, y a Dios mismo. Se mudó y se puso a aprender a leer labios. Desde su ventana miraba al parque con binoculares, tratando de leer labios de la gente hablando en el parque.

Un día se concentró en los labios de un joven que estaba orando. Discernió lo que le pedía a Dios y mandó a su sirviente para dárselo. Más tarde leyó los labios de una mujer hablando con una amiga al servidor a dárselo. Cada vez que hacía un bien, miraba al cielo y se reía de Dios. Pensó: "¡Qué chistoso es jugar siendo Dios cuando ni creo en Dios!" Siguió haciendo el bien y algo empezó a cambiar en él.

El hombre que jugaba siendo Dios se encontró con Dios. A través del juego, satisfaciendo las necesidades de otro, el verdadero Dios en que no creía se le reveló. Descubrió que Dios es el Dios de relación, el que sirve a los demás.

(Adaptado de: "The man who played God," World Stories, William Bausch, pg. 283-4)

¿Entienden por qué enfatizamos la Declaración Misionera? El amor se descubre en acción. Nuestra acción es alabar, orar, estudiar, y buenas obras. Enfatizamos buenas obras porque al hacerlas, nos convertimos más y más en el Dios que se delicia en nosotros. Dios nos ama tanto que nos permite dejarlo por mucho tiempo. Cristo reveló al Dios relacional. El hombre del cuento descubrió esto al llenar las necesidades de otros.

Se enojó con Dios y el mundo porque estaba perdiendo algo: su oír. ¿Quién no se ha enojado con Dios por haber perdido algo? Yo he oído a muchos enojarse con Dios haber perdido a su pareja u otro querido. He oído rencor en las voces al perder su trabajo, su perro, su casa. Rencor implica relación. Pero saben, está bien enojarse con Dios. Dios puede con nuestro rancor. Aunque nos perdamos el camino a Dios, sigue relacionándose con nosotros porque Dios es familia.

Padre, Hijo, y Espíritu, son uno y 3, y no hay forma de explicarlo excepto por analogía o metáfora. Si tocaran 3 distintas notas en el piano, se oyen 3 sonidos. Pero si se unen y se tocan a la vez, se oye una sola nota, un acorde. Si prendiéramos a 3 velas, hay 3 distintas llamas. Júntenlas y se forma una sola llama, y las 3 ya no se distinguen. Así es Dios. 3 personas separadas, pero un solo Dios, que se contenta viéndonos relacionarnos como ellos tres.

Dios solo se descontenta cuando dejamos relacionarnos como ellos se relacionan. Pues, fuimos creados en el imagen y semejanza de Dios. Cuando nos relacionamos como la Trinidad, y eso implica amor, somos más como Dios. Somos el mejor humano y divino cuando nos amamos unos a otros y sólo cuando nos amamos así. Si nos preguntara: "¿Cómo está tu vida de Amor," cómo le contestarían?

He tenido 9 meces para contemplar la pregunta, desde que les anuncié que nuestro tiempo juntos se está terminando. Esta es la décima y última fiesta de la Trinidad que tendremos juntos. Hemos compartido mucho amor en estos años y estamos llamados a continuar compartiendo ese amor con los demás y con los que nos visitan en este lugar sagrado.

Espero que nos comprometamos todos a vivir vidas de servicio, de buenas obras, aun cuando no creemos completamente en Dios. ¿Por qué? Porque Dios, la misteriosa Trinidad, es más que nuestras creencias, más que nuestros defectos, más que nuestros pecados, y más que nuestras formas de juzgar y condenar.

Dios se delicia en la humanidad. Hay que recordar esto: que cuando nos perdemos, cuando cesamos de creer, sólo hay que hacer una buena obra, llenando la necesidad de otro, y en una forma, una manera, seremos cambiados en la imagen de tres en un amor.

CORPUS CHRISTI - ¿Somos pan de vida o no?

Celebramos Corpus Christi, la Solemnidad del Cuerpo y la Sangre de Cristo. Deben ser símbolos de unidad y de la paz. Miren alrededor: debemos ser unos y pacíficos también. Somos de muchas culturas, idiomas, y costumbres. Somos <u>muchos</u> y somos <u>uno</u> al compartir el mismo bollo de pan.

Conocen cómo me gusta jugar con palabras. La palabra <u>bollo</u> se escribe casi como la palabra <u>bolo</u>. Uno es un pan, el otro es un flojo. Lo que comemos nos une. Lo que hacemos nos debería unirnos también. Si comemos del mismo bollo, o sea pan, sin comprender lo que significa, podemos ser bolos, o sea flojos, en la práctica de la fe.

Estudiemos la conexión entre el bollo y la fe. Muchos piensan que la comunión es algo recibido, alguien recibido, algo que se convierte en nosotros. Pocos realmente comprendemos que el bollo que comemos es para que nos convirtamos en bollo. No sólo <u>recibimos</u> el cuerpo y la sangre de Cristo. Hay que <u>ser</u> el cuerpo y la sangre de Cristo en acción, alimentando al mundo entero. Si no, nos convertiremos en bolos, en flojos que no quieren hacer lo que la fe nos pide, tal como lo hizo Jesús.

Escuchamos el evangelio de Lucas. Jesús retó a sus apóstoles y a nosotros mismos, "aliméntenlos Uds." Para comprender, hay que ir al 4º Capítulo de Juan. Jesús les dice a sus apóstoles que su alimento es hacer la voluntad del que lo envió y completar su misión. Entonces, el comer del cuerpo y sangre de Cristo es hacer la voluntad del quien nos envía, Cristo mismo, y completar su misión de evangelizar al mundo. No recibimos comunión, nos convertimos en comunión.

Lo que le importa al mundo es el tener o amontonar cosas: dinero, fama, estatus. Para Dios lo importante es el darnos, el servir a los demás. Es el 4º pilar de nuestra Declaración Misionera, lo mismo que Cristo nos pide hacer. El ser número 1 en ojos de Dios es ser servidor de los demás.

El servir tiende a cansar. Por eso necesitamos el alimento de la comunión para nutrirnos para el labor de servir como Cristo. Nuestro bollo y la copa son alimentos suficientes para ser sus instrumentos. Por 52 años lo hemos hecho como parroquia, y bien hecho. Nos alimentamos de muchas formas aquí.

Les digo mucho que la fe nos es sustantivo sino un verbo. Pues, lo mismo se puede decir de la comunión. Comulgar es comprometernos a ir y alimentar al mundo cumpliendo con la misión de Cristo. No es yo con Jesús, sino <u>nosotros</u> con Jesús. Comulgar del cuerpo y la sangre de Cristo nos recuerda que cuando una parte del cuerpo sufre, todo sufre: el cuerpo, el alma, y el espíritu. Cuando Cristo no es la fuente de unidad y la paz, mostrado en servicio y justicia compasiva, el Cuerpo de Cristo entero sufre. La Carta de San Pablo nos lo dice.

Por eso demos gracias hoy por 52 años de vivir la fe, la esperanza y el amor, por la sabiduría que la vida trae, por el don del discernimiento que identifica lo de Dios y lo que no es de Dios, y por los dones de la sanación y la reconciliación. Demos gracias poder ver la presencia de Dios en todo, incluyendo a nosotros mismos, y por ver a todo en Dios. Uniéndonos en este acto de dar gracias, en esta Eucaristía, somos un solo cuerpo en Cristo. Cuando actuamos con compasión y amor, so

Padre Eduardo A. Samaniego, S.J.

11º en Tiempo Ordinario:
¡Buenos padres, como Dios, aman con pasión!

"A quien poco es perdonado, poca ama." ¿Saben que todo jesuita hace los Ejercicios Espirituales de San Ignacio de 30 días? La gracia de la 1ª semana es el aprendizaje de nuestro corazón que somos pecadores amados, llamados por Dios para alabar, acatar y servir a Dios, a quien amamos más que nada. Aprendemos que hemos sido perdonados de todos nuestros pecados, llevándolos a amar a Dios expresado por un mayor amor del prójimo.

Como Simón en el evangelio, demasiados de nosotros tenemos ninguna idea que somos pecadores. Como en y sus compadres fariseos, nos sentimos justificados, y por eso juzgamos a otros malamente. Esto nos lleva a un tibio amor de Dios, y hasta más tibia el amor del prójimo. Simón se fijó en lo que la mujer era, y no en quién era. "Habrá más celebración en el cielo sobre un pecador que se arrepienta, que si una persona no necesite ser perdonado."

Cristo vio arrepentimiento y lo premió con el perdón. Su necesidad por Dios, su fe amorosa, la salvó. La falta de amor en Simón, le llevó que ni se mencionara su perdón. De hecho, Simón y sus amigos, padres todos, fueron despreciados por la falta de su hospitalidad, su falta de un ojo que discierne, y la falta de quitar pesos de las espaldas de los pecadores. Dios, nuestro Padre, por medio de Jesús, nos perdona nuestros pecados. Hay que dejar que eso penetre profundamente en nuestros corazones, para que no amemos tibiamente sin apasionadamente.

Buenos padres aman apasionadamente. Buenos padres enseñan a sus hijos cómo amar, y por ello, cómo ser feliz. Dichoso soy por haber tenido a un padre que hizo esto por mí y mis 8 hermanos y hermanas. Mi padre amaba a la vida y a la humanidad tanto que nos despertaba chiflando y luego diciéndonos, "Levántense, es un gran día para la raza." Nosotros respondíamos con, "¿Cuál raza, papi?" Y él decía: "La raza humana." Así comenzaba su día y la nuestra.

Como sacerdote, he visto a todo tipo de padre, y no puedo evitar la comparación con mi padre. De hecho, compara a todo padre, hasta Dios padre, con mi padre. Pero, tengo que decir que un padre de verdad tiene que cargar a una inmensa cruz. Pero, para ellos, no es difícil cargándola. Padres de verdad comunican con sus hijos. Se sacrifican por ellos, y harán lo que puedan por ellos. ¿Por qué? ¡Porque los aman!

No hay mejor regalo que un padre puede dar a sus hijos que reconociendo el don de la vida proviene de Dios, el don de la fe responde a Dios y al prójimo con actos amorosos de servicio. Celebramos esto hoy. Nuestra misión incluye buenas obras de servicio.

El primer paso es celebrar el Rito Penitencial al comienzo de la Misa. También celebramos su misericordia con el Padre Nuestro. Si tomamos en serio al Rito y al Padre Nuestro, contentamos a Dios por arrepentirnos y por decidir amar como hemos sido amados. Dejamos nuestros diezmos atrás, para reconciliarnos primero con nuestros prójimos, nuestros hermanos/hermanas, porque todos llamamos a Dios, Aba, Padre. Recuerden esto cuando traemos nuestras ofrendas y cuando extendamos nuestras manos y decimos amén al comulgar.

Descubramos el amor de Dios; seamos agradecidos por ello; y mostremos esa gratitud con una actitud de servicio amoroso, es decir, buenas obras. Hagamos esto y escucharemos algún día de Dios: "Váyanse, su fe les ha salvado."

12ª en Tiempo Ordinario:
Pablo era un radical. ¿Qué tal nosotros?

¿Se les ha ocurrido a Uds. jóvenes, que San Pablo era alguien radical? ¿Han pensado que uno de nuestros grandes santos a veces abría su boca antes de pensar en lo que decía? ¿Cuántas veces han sido Uds. acusados de haber hecho eso? Pues, ojalá se sientan mejor oyendo que San Pablo lo hacía también.

Creo que este pasaje de Gálatas contiene la frase más radical del Nuevo Testamento: "Ni judío ni Gentile, ni esclavo ni libre, ni mujer ni hombre en Cristo." Si esto no contiene fuerza, nada lo contiene. Para comprender lo que la frase dice, hay que comprender el por qué Jesús pregunta: "¿Quién dicen Uds. que soy yo?" No se puede comprender uno sin el otro, y hay que contestarla algún día si queremos ser verdaderos discípulos de Jesús.

Todos hemos oído a políticos decir cosas, intencional o no, para ganar nuestros votos. San Pablo dijo muchas cosas para conseguir conversos a Cristo. San Pedro con fuerza dijo: "Tú eres el Cristo, el hijo del Dios vivo," y así ganó a Cristo. Pero, ya que has dicho cosas, no puedes quedarte mudo.

Políticos son responsables por lo que dicen. San Pablo era responsable por lo dicho, y luchó por la 1ª de sus frases: Ni judío ni Gentile. Luego, pasaron 1800 años antes de que la 2ª frase tomara lugar en la historia: Ni esclavo, ni libre. Muchos de nosotros estamos preguntando si vamos a tomar otros 1800 años para que la 3ª frase tome lugar en la historia: Ni hombre ni mujer en Cristo. Tan radical es esta última frase, pero hay que perseguirla.

Pero para perseguir algo que valoramos, arriesgamos ser rechazados o que alguien nos diga que lo que valoramos no importa. Jesús arriesgó ambas cosas cuando le preguntó a sus discípulos: "¿Quién dicen Uds. que soy yo?" Lo hizo para ve si su presencia había causado una diferencia en sus vidas, y si su mensaje estaba penetrándoles. Arriesgó escuchando que lo que hizo y dijo habían fallado.

Es como si esperan ver lo que sacaron en sus calificaciones o cuando estás tratando de lograr una posición en el equipo de futbol o un club. Tu corazón palpita con anticipación. Una parte de nosotros no podemos percibir el miedo que sentimos anticipando el fallo. Jesús era como nosotros. Ya que sabía que no había fallado, su orgullo regresó, como escondíamos nuestro miedo diciendo que nunca nos sentimos nerviosos. ¿Verdad?

Esa sensación nos puede causar que digamos cosas sin pensar. San Pablo se dio cuenta de la radicalidad de su frase en Gálatas, que cambió su versículo más tarde, pero sin la frase "Ni mujer ni hombre en Cristo." El problema es que sí lo dijo, y no pudo quedarte mudo.

Ahora somos nosotros que tenemos que tenemos que aceptar la realidad y la verdad de sus frases. Ahora somos nosotros a quien Jesús pregunta: "¿Quién dicen Uds. que soy yo?" ¿Quién es Jesús? Él es Dios. Él es el que nos sana y nos hace sentir que somos álguienes, cuando la sociedad nos hace sentir como unos nadies. Él es el que nos conforta, alimenta, y nos llama tal como somos, para cumplir su misión. El reconocer esto, es negarnos y cargar nuestra cruz y seguir a Jesús. Sólo cuando podemos contestar ¿Quién eres? Y ¿Quién es Jesús? Podremos decir que somos discípulos del Señor.

¿Qué dicen, jóvenes? ¿Están listos para luchar por el cumplimento de la frase más radical del Nuevo Testamento? Si sí, les advierto como lo hizo Jesús con sus discípulos: Uds. "sufrirán muchas cosas, y serán rechazados por los jefes y los sumos sacerdotes y los escribas." Tal como lo hicieron en tiempos de Jesús, también les pasará a Uds.

El cumplir la misión de Jesús es arriesgar ser atacado y rechazado. Pero el hacerlo con el Señor a nuestro lado es "perder nuestra vida por Cristo, y salvarla." Que todos seamos salvados por el Dios, que llora profundamente como una madre llora por su 1er hijo por su gran amor por nosotros.

13º en TIEMPO ORDINARIO - Estamos llamados

Cuando nos bautizamos y nos confirmamos, cuando decimos, amen, al comulgar, prometemos seguir a Cristo y a completar su misión, su labor. Hacemos la promesa libremente, pero, ¿somos cumplidores de promesas, o no? Nos comprometemos a seguir, que implica ser discípulo, pero saldremos de aquí enviados por mí como apóstoles, que implica ser seguidores y cumplidos en la palabra de Dios.

Hay una canción en inglés titulada: "Estamos llamados." Es una de mis favoritas canciones. Su letra dice, "Estamos llamados a actuar con la justicia, estamos llamados a amar tiernamente, estamos llamados a amarnos unos a otros, y caminar humildemente con Dios." Se canta más que nada durante la Vigilia Pascual, en honor de los bautizados, mientras que se cambian, vistiéndose de blanco.

La canción expresa lo que está por detrás de las lecturas de hoy. Responder a la llamada y a ser enviado con una misión es estar listo para entrar en el reino de Dios. Implica que saldremos de aquí dispuestos a poner la mano en el arado que prepara la tierra para recibir las semillas de la Palabra de Dios. Si salimos de aquí no dispuestos a hacerlo, entonces no estamos listos para entrar al reino de Dios.

¿Experimentamos el amor de Dios tanto que queremos cantar de ello o lo suficientemente para seguir de forma que la sentiremos siempre? ¿Experimentamos la llamada de actuar con justicia y respondemos, de amar tiernamente y compartirlo, y de caminar con humildad y seguir? Entonces estamos listos para el reino de Dios.

El evangelio de hoy dice, "Cuando llegaron los días para que fuera levantado, Jesús firmemente puso su rostro en dirección a Jerusalén." Algo tuvo que haberlo lanzado como su respuesta a ello. Jesús tuvo un fin e hizo una decisión: de vivir sin hogar y mostrar su total dependencia en Dios a quien él amaba. Eligió confrontar a los que tenían el poder de matarlo para mostrarnos a todos qué tanto nos amaba.

Para la mayoría es difícil hacer buenas decisiones, porque vivimos con temor o miedo, o porque tratamos de controlar lo incontrolable. ¿Cómo resolver estos sentimientos? Pregúntense: ¿Cómo quisiera ser recordado? La respuesta nos muestra nuestro

Sueño Vital. Luego, hay que Actuar. Hay que actuar justamente, es decir, hacer lo recto y bueno siempre. Y finalmente, hay que agradecerle a Dios por el conocimiento y el valor de actuar con convicción por tenerlos.

¿Estamos listos para hacer una diferencia en este mundo? Pues, les invito a recitar conmigo la letra de esa canción:

"Estamos llamados a actuar justamente, estamos llamados a amar tiernamente, estamos llamados a amar unos a los otros, y caminar humildemente con Dios.

14º en TIEMPO ORDINARIO - De la paz nace la paz

Hay un dicho que dice: "La Tentación hace al ladrón." Escuchen acerca del poder de Dios que puede traer paz cuando es inesperada.

Un potencial ladrón notó que el coche estaba sin cerrar con llave. Al acercarse por detrás, notó un papel pegado en la ventana que decía: "La paz esté con ustedes." El ladrón se metió al coche y le dejó una nota al dueño. "Querido dueño, intentaba robar tu coche hasta que noté el mensaje: "La paz esté con ustedes." Me hizo pensar. Si lo robara, estarías en paz, y yo no estaría en paz tampoco, ya iba a ser mi primer robo. Por eso te deseo paz como me la deseas. Maneje con cuidado y la siguiente vez, cierra con llave. Firmado: un ex-Ladrón.

¿Sabían que "Paz" en la Biblia significa 4 cosas? 1ª, la paz militar es la paz entre naciones o pueblos. 2ª, es la paz personal, de bienestar, de estar en paz consigo mismos. 3ª, es la paz del estar en recta relación con Dios. Y la 4ª, es la paz global con Dios, donde la creación le da alabanzas a Dios. ¿Le damos a Dios alabanzas al darnos la paz?

¿Qué es lo que impide sentir la paz? ¿Qué es lo que nos roba la Paz? ¿Qué tal la negatividad en el hogar? Vamos a ver si algunas de estas frases suenan familiares: "Pero ¡qué bruto(a) eres!" "¿Por qué tienes que ser tan estúpida(o)?" "Cállate y lárgate de aquí, no quiero verte jamás." "Nunca haces nada bien, eres un desastre."

En la nación oímos: "Son los emigrantes que están causándonos los problemas económicos." "Son los de color que son los más brutos, los más violentos, los más capaces de ser encarcelados." ¿Qué sienten?

Para la paz fuimos bautizados, lavados en el agua santificada por el Espíritu Santo, quien es el que da la paz. Y para eso estamos llamados. "Benditos los que trabajan por la paz, porque ellos serán llamados hijos e hijas de Dios." En Hebreo la palabra paz es "Shalom." En cierta forma hay que ser shalomeros de Cristo.

¿Cómo se siembra la paz en el mundo? ¿Cómo podemos ser shalomeros de Cristo? Podemos alimentar a los hambrientos y vestir a los desnudos como lo hace nuestra dispensa. Podemos visitar a los enfermos como lo hace la Legión de María y nuestros ministros de la eucaristía. Pero hay muchas formas más difíciles que puede traer la paz, pero solo con el ayuda de Cristo.

¿Qué tal las familias que viven con adicciones o abuso, sea mental, psicológico, o físico? A veces sólo viene la paz cuando se ponen límites y consecuencias que pueden llevar a la separación del que abusa. Se le llama "Amor Duro." Trae paz al hogar que ha estado aterrorizado por el adicto o abusador. También le trae paz al abusador si reflexiona, como el potencial ladrón lo hizo, y decide tomar los pasos para sanarse.

¿Qué tal los que trabajan por la paz mundial, tratando de destruir las armas de destrucción masiva, o los que quieren eliminar la pérdida de los bosques que Dios nos ha dado? ¿Qué tal los que regresan a las calles de nuestras vecindades violentas para tratar de eliminar esa violencia, sea entre razas, géneros, preferencias sexuales, entre edades o ideologías políticas? Ellos son shalomeros para los que tienen ojos.

¡Qué difícil es sembrar las semillas de la paz que solo Dios da! Todo esto no se nota en nuestras vecindades porque queremos esconder la realidad. A ellos que se callan les digo, "Paz con ustedes." A ellos somos llamados a ir 2 en 2 para que seamos shalomeros de Dios con apoyo.

Renovemos nuestro "Sí" a la llamada de Dios que nos manda para la paz, que trae alegría, hecha completa por Jesús. Que nos demos todos más que señales de la paz. Que seamos gente pacífica siempre.

Padre Eduardo A. Samaniego, S.J.

15º en TIEMPO ORDINARIO - ¡Un samaritano para todos los tiempos!

¡Qué evangelio Si Jesús nos retara como lo hizo con el letrado, ¿Cómo haríamos? "¿Qué debo hacer para lograr la vida eterna?" Amarás al Señor tu Dios con todo tu corazón, tu mente, y tu alma, y tu vecino como a ti mismo… ¿Quién fue buen vecino del hombre dejado a morir? El que demostró compasión. Ve y hagan igual." Lo que me hace pensar es que los judíos en tiempos de Jesús no creían en la vida eterna, ni en la vida más allá de esta. Este letrado era de una secta reformista.

Tenemos a 2 escenas: 1ª es un diálogo entre Jesús, el que sabe, y el letrado, que cree que sabe. La 2ª escena es la historia que eleva al odiado samaritano como ejemplar de cómo ser buen vecino a los que han sido criados para odiar a samaritanos. Es como si eleváramos a un miembro del PAN como ejemplar de ciudadanía al del PRI (2 partidos en México), o un católico ante un pentecostal como ejemplar de ser discípulo cristiano. ¡Qué Choque!

¿Limitamos a nuestro amor o no? Claro que sí, porque solo Dios puede amar sin condiciones. El sacerdote sigue adelante porque obedeció el mandato en Números (19:11) que prohíbe tocar al cuerpo de un muerto o contaminarse ritualmente por 7 días. No podría ofrecer su oración. Ya ven, límites.

El Levita sabía que el camino a Jerusalén era peligroso. Hacerlo a solas era tontería, un gran riesgo. El hombre dejado por muerte, lo hizo, y el Levita siguió adelante vestido de Levita, vestuario como nuestro "clergyman." Lo llevaba para recibir el respeto y la seguridad de su puesto. Ya ven, límites.

El clero y el Levita eran buenos y sabios ciudadanos en los ojos de los discípulos. Luego Cristo los sorprende poniendo al samaritano como ejemplar ciudadano, mostrando que Dios no piensa como nosotros. Ya ven, no hay límites.

A mí, me fascinó el hotelero. ¡Qué confiado era! Imaginen a alguien dándoles dinero y diciendo si les cuete más, él lo pagará cuando regrese. ¿De verdad confiarían en su promesa? Pues, él sí lo hizo. El hotelero era un buen vecino también. No hay límites.

Ahora, ¿nos identificamos más como el samaritano y el hotelero o más como el sacerdote y el Levita? ¿Hasta qué punto limitamos el dar el amor a alguien? ¿Nuestros límites son absolutos?

Si sí, intolerantes y prejuiciosos somos. ¿Nuestros límites cambian, es decir, según ciertas circunstancias nos abrimos a amar o a no amar? Jesús mide a límites.

El Espíritu de Cristo nos impide convertirnos en intolerantes en el nombre de Dios. Hay muchos intolerantes y prejuiciosos bautizados; hay muchos homofóbicos bautizados; hay muchos que dañan a emigrantes como lo hacen en Arizona en el nombre de Dios. Sus capacidades de amar están limitadas por sus prejuicios, y no hacen lo recto y compasivo.

El corazón de Jesús nos dice: sean compasivos, sufran con la gente y respondan. ¿Cómo pudiéramos ser buen vecino en estos tiempos de mal economía? Sean gente que siembra la paz, sean sanadores, extiéndanse para los que sufren en cualquier forma que puedan, tan imperfectos como somos, pero en el nombre de Cristo, por lo menos. Sean el samaritano si se sienten llamados a hacerlo; sean el hotelero que se arriesgó para ayudar al otro; sean los que sanan relaciones; perdonen.

¿Pudiéramos acercarnos a los sucios sin hogares e intocables con el amor de Cristo que nos ruega hacerlo? ¿Pudiéramos visitar, vestir, alimentar, consolar, reconciliar, o simplemente estar presente para cualquier necesidad, aun abrazando en silencio a alguien pensando en suicidarse? ¿Pudiéramos extender la mano y tocar a alguien con la intención de mejorar al mundo entero? Si sí, somos buenos vecinos, gente que extiende la mano de Dios.

Padre Eduardo A. Samaniego, S.J.

16º en TIEMPO ORDINARIO –
¿Estamos listos para los no invitados?

El pasaje famoso de Marta y María es un ejemplo clásico de lo que les he dicho siempre que tenemos que hacer con las Escrituras: Hay que leerlas entre las líneas. Jesús está viajando con los discípulos. No está solo. Miremos más a fondo lo que pudiera estar pasando en esta escena. Jesús, sin avisar, llegó a casa de Marta, María y Lázaro. Mujeres, ¿Qué harían si 13 personas vendrían a visitarles sin haber avisado?

Hombres, ¿Qué harían si tu compadre preferido llegara a casa con doce amigos? ¿Responderían como Abraham, pidiéndole a Sara a que organice un banquete para los extranjeros? ¿Responderían mejor como Marta, haciendo lo que había recibido como buena educación: tratar al huésped como si fuera mandado por Dios?

¡Lástima que Marta ha recibido tanta crítica por su demanda a través de los siglos! Ella fue educada en la enseñanza absoluta que el extranjero es mandado por Dios. En la 1ª lectura Abraham respondió a la venida de extranjeros dejando todo para servir a los huéspedes. ¿Qué harían con extranjeros? A María se le olvida lo que aprendió desde niñez. Deja al lado la hospitalidad para sentarse al pie de Jesús.

¿No se te hace raro la reacción de Jesús con Martha? Pongámonos a pensar acerca de lo que pudiera estar pasando en la escena.

Un hombre llega del trabajo con su periódico en mano para descansar y leer un rato antes de cenar. Sus hijos no le dejan. Uno le viene a pedir dinero para comprar un helado. Saca el padre y se lo da. La 2ª viene llorando par haberse lastimado su pierna. Ella buscaba un beso de su querido papá. El mayor le viene con problemas de Álgebra. Los dos encuentran la solución juntos. Finalmente, se le presenta el menor de todos. ¿Ahora qué quieres tú? le pregunta su papá. El joven le contesta: "Hay papá. No quiero nada más que sentarme en tus rodillas."

(De "Living Smart," Dynamic Preaching, '1989, Pg. 5)

Si Uds. fueran el padre, ¿Quiénes de sus hijos les haría sentirse increíblemente bien? Todos los hijos aman a su padre, pero ¿Quiénes de ellos demostró mejor su amor a su padre? Marta y María aman a Jesús. Cada una lo expresa distintamente. Jesús ama a ambas. Ambas se lo demuestran a su forma. Pero cuando Marta quiere que María ame a Jesús como ella lo ama, Jesús le dice a Marta: "déjala en paz. Estás equivocada, deja que me ame como ella quisiera."

El papá ama a sus hijos, y los hijos aman a su papá. Pero cada hijo demuestra su amor en forma distinta. Sólo el menor le demuestra que no tiene motivo escondido, sólo queriendo sentarse en las rodillas de su papá donde se siente amado, seguro y en casa. María está sentada al pie de Jesús donde ella se siente segura, amada, y en casa. Marta se siente en casa haciendo los detalles de hospitalidad como era su costumbre.

Sin avisar, Jesús sólo puede esperar que le atendiera Marta, María y Lázaro. El no pidió que le dieran un banquete. Tampoco le pidió a Marta que hiciera lo que estaba haciendo. María se encuentra en casa al pie de Jesús. ¿Qué es la mejor parte? Creo que es el amor libre que muestra María. Marta no está igualmente libre en su amor por Jesús, porque se perdió en los detalles. Jesús quiere que nos acerquemos y que nos sentemos en sus rodillas mientras está con nosotros. Cuando se va, nos dejará seguir con su misión de amarnos como hemos sido amados.

¿Estamos suficientemente libres para amar como hemos sido llamados a amar? ¿Estamos suficientemente libres para dejar que el otro ame como se siente listo para amar? Si podemos contestar sí a estas preguntas, estamos listos para celebrar con gratitud en esta mesa. Si no estamos libres para amar y para dejar que el otro ame, tenemos que pedir por la gracia de liberación al partir el pan de vida y amor. Pidamos por la gracia de amar como hemos sido amados y dejar que el otro ame come ellos han sido amados. Que Jesús diga de nosotros: "Han elegido la mejor parte."

17º en Tiempo Ordinario - Al orar, cambiamos al mundo.

En mis años he visto a muchos elegir orar. He visto orar centrado, cuando gente repite una palabra o frase como un mantra. He visto, a muchos orar el rosario, una forma del orar centrado. He visto a gente usar las escrituras para meditar. He visto a gente usar las escrituras para meditar o usarlas para entrar en la escena como protagonista. He visto a padres enseñar a sus hijos cómo orar por otros, intercediendo por ellos.

Acabamos de ver a Abraham pedir por las vidas de los habitantes de Sodoma y Gomorra. Y vimos a Jesús enseñar a los apóstoles a orar como él oraba. ¿Cuáles son las similitudes y los contrastes en su orar?

Abraham y Jesús conversan con Dios con fe. Ambos son humildes y simples. Pero, Abraham ruega, regateando con Dios por las vidas de las 2 ciudades. Aun siendo infantil, Abraham muestra cómo la oración cambia a Dios. Dios los perdona al oír las plegarias de Abraham.

Por otro lado, Jesús pliega en otra forma, casi en oración perfecta. Jesús sabe que Dios cambia en oraciones, pero también el orador. ¿Por qué? Porque el orar es estar en relación, en amistad, con el creador. Jesús llama a Dios: Padre. ¡Esto tuvo que ser chocante a los judíos, porque Dios era totalmente otro, tanto que ni pronunciaban el nombre de Dios! Llamando a Dios Padre, dice que él y nosotros estamos en relación más íntima que formal. Piensen en sus familias y así lo es. La voluntad de Dios que viene es que seamos miembros de su reino.

Al decir "hágase tu voluntad," sometemos nuestra voluntad a la de Dios, y así pensamos como Dios piensa, actuamos como Dios actúa, y amamos como Dios ama. Pedimos ser alimentados, nutridos por el pan de cada día. Muestra nuestra dependencia total en Dios. Nuestra comida está ligada al hacer lo que Dios desea que hagamos.

Admitimos que somos débiles y rogamos por el perdón de nuestros pecados, pero Jesús nos pone un truco: como nosotros perdonamos a los que pecan contra nosotros. Me siento culpable al decirlo, porque es difícil para mí perdonar. ¿Qué tal Uds.?

El perdonar es aprendido. No nacemos con la idea de perdonar a los que nos dañan. Necesitamos modelos. Cuando preparo a parejas para el matrimonio, les digo que, si tienen un desacuerdo en frente de sus hijos, hay que reconciliarse en frente de ellos también. Otro ejemplo es el Dr. Juan Muyskens, quien vivió durante la 2ª Guerra Mundial después de haber sido testigo del asesinato de su hijo. Luego un 2º hijo muere en la guerra. Juan oró por los que mataron a sus hijos: 1º, es lo que Jesús haría; 2º, porque sabía que el orar cambia al orador; y 3º, el orador nos eleva más allá del odio que podemos tener. ¡Qué maestro!

Cuando mostramos que estamos más allá del odio que tiene el mundo, Dios se alegra y nos bendice. No hay mejor razón para orar que conectar tan profundamente con Dios que nos ama y nos bendice.

Vimos que el orar cambia a Dios por Abraham, y que cambia al orador por Cristo. Ahora descubrimos que, al cambiarnos, se cambia al mundo. ¿Cuánto más cambiaríamos a la humanidad, si solo aprendamos a pensar bien por el amor y la bendición?

Si oramos como si todo dependiera de nuestro orar, y si trabajáramos como si todo dependiera de Dios, haremos una diferencia por haber vivido. Causaremos que el reino de Dios viniera y se cumpliera su voluntad. El orar tiene ese poder.

Jesús dice: "Pide y se te concederá; busca y lo encontrarán; toca y se te abrirá…Dios te dará el Espíritu Santo al quien se le pida." Dios nos da la vida. ¿Qué más pudiéramos querer?

18º en Tiempo Ordinario - ¡Acumulen actos de bondad!

Oímos: "Vanidad de vanidades, todo es vanidad." Somos todos vanos, ¿no? ¡Claro! Todos buscamos la felicidad, ¿no? A veces nuestras decisiones salen mal, ¿verdad? ¿Por qué? ¡Vanidad! Si admitimos que decidimos mal, que nos desvían del camino de Dios, entonces somos Vanos. ¡Qué difícil es admitir que vivimos en vano!

Muchos tenemos miedo de perder lo que tenemos, que decidimos acumular. Si se anuncia que carecemos de agua o gasolina, se suben los precios para usar la oportunidad de legalmente robar a la gente. Es casi una enfermedad que ha llegado a ser epidemia aquí en por el mundo.

Somos como el de la finca, que tuvo más que suficiente trigo para sus graneros. En vez de regalar lo que sobra, tumba sus graneros y los hace más grandes. Pero no pudo gozar de su riqueza porque murió. No pudo preguntarse: "¿Cuándo es suficiente lo suficiente?" El ama a las cosas y usa a la gente, en vez de amar a la gente y usar las cosas. Hemos creado a ídolos de las cosas y el dinero.

San Ignacio, el santo del discernimiento, dijo que somos creados para alabar, acatar, y servir a Dios, y así salvar nuestras almas. Luego dijo algo tan importante: Todas las cosas del mundo fueron creadas para ayudarnos a salvarnos. Lo que ayuda, úsalo, y lo que no, déjalo. ¿Las cosas y el dinero nos conducen a Dios o no?

Sólo como medio para llegar al fin es valorable una cosa. Vale nada si es un fin en sí. A los movidos por riquezas, sea conocimiento, propiedad, dinero, o poder, hay sólo una respuesta a "¿Cuándo es suficiente lo suficiente? ¡Nunca! Para los balanceados que conocen el valor de las cosas, y que sus almas están intactas, la repuesta es, "cuando los pobres no lo son, y los que tienen compartan con los que no tienen."

Mi papá me enseñó a valorar el regalar con gratitud. Cuando estaba mal la situación económica, él ponía unos sobres en la mesa en los cuales ponía dinero. 1º, la de la parroquia; 2º, los de las organizaciones que ayudaban a los pobres. Una vez le pregunté, "¿por qué regalas cuando apenas tenemos para nosotros?" Dijo, "nota que tenemos lo suficiente. Cuando tenemos lo suficiente, es una bendición de Dios. Hay que regalar lo que sobra. Al hacerlo, recibiremos más bendiciones de Dios." Jamás me he olvidado, y por eso damos donaciones como parroquia de lo que nos sobra, y ¡qué benditos somos!

Doy gracias a Dios por mi papá y por San Ignacio, porque aún sacerdotes, tendemos a acumular: unos, grados, otros la tecnología, libros, CD's, o computadores. Me acabo de mudar, y me sorprende la cantidad de cosas que he acumulado. Mi 1er proyecto será deshacerme de lo no usado, ni voy a usar. El poder discernir viene cuando 1° reflexionamos.

Ahora les pediré que examinen lo que tienen y por qué lo tenemos, lo que compramos y por qué lo compramos. Si nos conduce a Dios, claro, quédense con ello. Pero si no, regálalo. Si hay closets y garajes llenos de cosas o ropa ya no usada, preparen a dárselos a San Vicente de Paul, o a los hogares para gente sin hogar.

Tal vez puedan ayudar a pagar la electricidad para que puedan pagar su renta o hipoteca. Quizás sería mejor pagar por mandar a sus hijos o nietos a nuestra escuela en vez de comprar un coche de lujo. No sólo reaccionen ante la vida. Reflexionen y decidan dejar que Dios les enseñe el camino. Serán dichosos, bendecidos y gozosos.

Si tienen más dinero de lo necesario, miren a su prójimo o sus hijos o nietos y vean si hay algo que puedan hacer. Tal vez pagando sus utilidades los librará a pagar su hipoteca/renta. Tal vez, en vez de comprar un Mercedes, pueden comprar un coche económico para poder mandar a sus hijos/nietos a una escuela católica. No reaccionen a la vida. Reflexionen y respondan dejando a Dios mostrar el camino. Recibiremos bendiciones y encontraremos el gozo.

2 barcos viajaban juntos por el río Mississippi desde Memphis a Nuevo Orleans. Sus marineros empezaron a hablar, y luego se encontraron en una carrera. Un barco quedó atrás por falta de carbón. Hubieran tenido suficiente para el viaje, pero no para una carrera. Un marinero decidió usar el cargo para quemar. Ganó la carrera, pero no entregaron el cargo, la razón original de su viaje.

Max Lucado dice de la escena: Dios nos encomienda cargos: hijos, esposos, amigos. Nuestra misión es asegurar que llegue el cargo a su destino. Hay que recordar si hacemos más prioridad nuestros programas que la gente, la gente sufrirá. ¿Cuánta gente no llega a su destino porque se nos olvida la misión que aceptamos?

19º en Tiempo Ordinario - ¡Llevemos el bulto al cielo!

2 barcos viajaban juntos por el río Mississippi desde Memphis a Nuevo Orleans. Sus marineros empezaron a hablar, y luego se encontraron en una carrera. Un barco quedó atrás por falta de carbón. Hubieran tenido suficiente para el viaje, pero no para una carrera. Un marinero decidió usar el cargo para quemar. Ganó la carrera, pero no entregaron el cargo, la razón original de su viaje.

Max Lucado dice de la escena: Dios nos encomienda cargos: hijos, esposos, amigos. Nuestra misión es asegurar que llegue el cargo a su destino. Hay que recordar si hacemos más prioridad nuestros programas que la gente, la gente sufrirá. ¿Cuánta gente no llega a su destino porque se nos olvida la misión que aceptamos?

(adaptado de "Who will be crying at your funeral?" Dynamic Preaching, Vol. XIII No. 3, pg. 30)

Cómo fijamos nuestras prioridades muestra lo que valoramos en la vida. Una forma fácil de discernir dónde está nuestro tesoro es examinar las 168 horas en una semana, y ver cómo usamos nuestro tiempo libre. Para hacerlo, hay que identificar el hay que tiempo y el libre para tiempo. Hay que comer, dormir, ir al baño, pagar viles/impuestos. El promedio es gastar 130 horas en hay que cosas, dejando 38 horas de libre-para-elegir horas. Examinemos el uso y preguntémonos si estamos contentos con cómo elegimos usar esas horas.

El uso del tiempo muestra lo que valoramos. ¿Qué valoramos? ¿Comparémoslo con lo que Cristo valora? Él valora el corazón. Nuestros corazones valoran en lo que confiamos, en lo que enfocamos la energía, nuestra pasión. ¿Es nuestra pasión la de Cristo?

Cómo expresamos nuestra fe es aprendido. ¿De quién lo aprendió Jesús? ¡De José y María! Pero también lo aprendió en la escuela. Aprendió que lo que vale más es la relación. El pasó muchas horas nutriendo las relaciones de gente que valoraba. Dejó su carpintería para edificar un reino de relaciones; lo dejó por algo mejor.

Si nuestros hijos van a aprender a hacer lo que Jesús hizo, hay que mostrarles que Dios quiere ser íntimo con nosotros. Esta educación tiene que convertirse en nuestra primaria prioridad. Sólo se aprende con ejemplares en relacionarse y nutrir nuestras relaciones.

He visto a gente hacer malas decisiones. Una mala decisión es una falta de discernir, de examinar lo que es de Dios y lo que no lo es, lo que lleva a Dios y lo que no. Necesitamos el don del Espíritu Santo, que es el discernimiento. Qué curioso que no pedimos por ello por falta de fe.

Valoro lo que aprendí de mis padres. Me enseñaron a amar. Nos pusieron a mí y mis 8 hermanos en escuelas católicas porque querían que aprendiéramos a vivir en la fe. Lo aprendimos bien. Nos dieron la habilidad de elegir, pero querían que aprendiéramos a valorar nuestras elecciones. Querían que su cargo llegara a su destino.

Nuestro cargo quiere llegar a la tierra prometida, a dónde Dios. Cómo llegamos es tan importante como el llegar. ¿Dejamos que las elecciones de otros interfieren con las nuestras? ¿Nos dejamos ser desviados de lo que será lo mejor para nosotros o por nuestros cargos?

Pues, ¿valoramos nuestro cargo y misión lo suficiente para poner todo nuestro corazón en ello porque Dios está allí? La gasolina para el barco, para la misión de llevar el cargo al cielo, es la eucaristía y los otros sacramentos. Vengan; liberemos nuestras almas santas y aseguremos la llegada de nuestros cargos a su destino. Mostrémosle a Dios lo orgulloso que somos al bien usar nuestro <u>libre-para-elegir</u> tiempo para hacer la misión de Cristo la nuestra.

20º en Tiempo Ordinario - Conflicto, ¿obstáculo u oportunidad?

He oído: el profeta aflige al confortable y conforta al afligido. Jesús causaba conflicto. Lo que enseñaba dividía a su pueblo. Cómo vivía le llevaba a ser condenado o juzgado por las autoridades, los confortables, y a recibir alabanzas por el pueblo, los afligidos por esas autoridades. Lo triste es que un profeta no es reconocido héroe hasta después de morir. La mayoría son matados en la historia por los afligidos por sus palabras. En la modernidad hemos visto a Ghandi, Martín Lutero King, Oscar Romero, Rutilio Grande, las monjas y jesuitas de El Salvador, todos matados porque hablaron la verdad ante los poderosos y confortables, y por confortar a los afligidos por ellos.

¿Qué se necesita para ser un héroe en ojos de Dios? Jesús nos dijo que el mayor en el reino de Dios es el que escucha la palabra de Dios y la cumple. También dijo, "Uds. son mis amigos si hacen lo que les digo: ámense como yo los he amado;" y cómo perdonan así serán perdonados; y "vengan, bendecidos por mi Padre, y hereden el reino preparados para Uds. desde el comienzo del mundo."

Vivimos en la arena de la vida, y los mirando y apoyándonos son los que vinieron antes, los que oyeron la palabra y la cumplieron. Ellos están alborotados al vernos cruzar la línea de una vida bien vivida. Son los que saben que no somos perfectos y no le importa porque ellos no eran perfectos. Dios nos llama tal como somos, para correr en la carrera y no tomarnos por vencidos. No estamos competiendo, sino estamos en comunión. ¡Ojalá que todos cruzáramos la línea final y oír los gritos de apoyo por haber corrido!

Muchos de los que vinieron antes sufrieron el no saber que hicieron una diferencia por haber vivido. Recibieron la bienvenida por haber corrido. Somos llamados a edificar sobre lo que ellos hicieron, y llevar la línea final a nuevas alturas de amor y paz.

Pero sigue la idea de la división. ¿Qué es lo que nos divide, que nos separa de Dios y cada uno? ¿Por qué evitamos tomar la responsabilidad por reflexionar acerca de las respuestas de estas preguntas?

Jesús divide nuestras categorías de juicio para mostrarnos cómo reconciliarnos con nosotros, nuestro prójimo, y Dios. Jesús quiere que examinemos lo que nos hace separarnos de otros y Dios, y para ver qué necesitamos hacer para dejar lo que nos divide.

¿A quién excluimos? ¿Qué tal homosexuales, gente con SIDA, de otras religiones, lenguas o razas? ¿Qué tal prostitutas, los sin hogar, los enfermos de mente, gente con Síndrome de Down, los divorciados, padres solteros, gente en unión libre, varones afeminados y mujeres masculinos, jóvenes tatuados o con pelos apuntados, drogadictos, y la lista sigue creciendo? Y sé que he sido culpable de tener estos prejuicios en el pasado. Pero Jesús no los abandona a ellos ni a nosotros.

Jesús causa conflicto en nosotros para poder ser uno como Él y su padre lo son. No quiero que piensen que acepto lo inmoral. No lo acepto. Lo que estoy diciendo es no voy a absolutizar lo que catolicismo o la sociedad dice tenemos que evitar a los ritualmente sucios. Al contrario, hay que caminar con ellos para poder romper el poder del mal por su hambre y sed del amor de Dios y de la humanidad.

Lo que simboliza el usar conflicto como oportunidad de unión es la eucaristía. Esta es la mesa de hermandad universal, donde juntos partimos el pan que nos une. ¿Podemos celebrar la oportunidad del conflicto de caminar con los que la sociedad excluye para que se sientan amados por Dios y nosotros tal como son, tal como somos, tal como soy? ¡Eso es convertir el conflicto en oportunidad!

21º en Tiempo Ordinario - No pierdan su corazón, ¡disciplínenlo!

"No te desanimes cuando te reprenda el Señor, porque a quien Dios ama, lo disciplina." ¿Cómo se sintieron al oír esto? He pensado en toda la gente que me ayudó a aprender aplicar la disciplina en mí mismo. Mis padres, abuelos, maestros y entrenadores me enseñaron a reflexionar acerca de lo necesario para seguir adelante y lucir. Es el cómo lo hicieron que llamo: la disciplina.

Mirando hacia hatrás veo que Dios usó a todos ellos. Unos disciplinaron bien, otros sobrepasaron el límite de decencia, pero todos me ayudaron a aprender. Lo que aprendí era parar, reflexionar, discernir, y luego, responder a situaciones. Humanos o reaccionan o responden a estímulos. Animales sólo reaccionan a estímulos por instinto. La habilidad de no reaccionar y responder es lo que nos separa de los animales como humanos.

¿Cómo se marcarían entre reaccionar y responder? Recuerden que somos animales. Por eso reaccionamos de vez en cuando. ¿Pero siempre reaccionamos? Si sí, somos menos que los animales, porque no hemos aprendido a disciplinarnos. Pero si aprendiéramos a parar, reflexionar, discernir, y luego actuar, aprenderíamos lo que es la disciplina.

Cuando preparo a parejas para el matrimonio les pido que piensen en cómo sus padres los disciplinaron, identifiquen lo que sirvió bien, y lo que no, y luego decidan como pareja, cómo van a disciplinar a sus hijos cuando vengan, y cómo hacerlo como pareja y no como individuos. Eso es cuando la pareja comienza a ser Dios-entre-nosotros.

Lo que no sirve es lo que hace burla, lo que aplasta, lo que quita la dignidad de alguien. Es decir, no nos gusta sentirnos humillados o mal respetados, no importe la razón. No nos gusta cuando alguien nos grita, nos pega, o falsamente nos acusa de haber hecho algo. Ni a Jesús le gustó: "si he dicho la verdad, entonces ¿por qué me pegan?"

Se necesita disciplina, para hacer un trabajo bien, para ser un buen estudiante, hijo, padre, atleta, cantante, músico, predicador, o sacerdote. La mejor disciplina entrena a uno a hacer lo recto, para siempre hacer el bien. Sale del corazón, del ser que sabe lo que se necesita hacer y cómo hacerlo. Para aprender a hacer lo recto, leyes, mandamientos, reglas, o límites se necesitan. Son parte del proceso de aprender la disciplina.

Como Hebreos dice: "la disciplina parece ser más dolorosa que gozosa, pero después traerá el fruto de la paz que trae la rectitud a los bien entrenados por ella." Mis parejas pueden distinguir entre buena disciplina y la mala. La diferencia cae entre la humildad y la humillación.

La juventud crece recibiendo mucha falta de respeto hacia ellos. Pregúntenles. Se han acostumbrado a oír malas palabras en su música, cines, libros, en clase y el gimnasio. No deben recibirlas también en casa. Pero, jóvenes, el mal-respeto que Uds. experimentan no se compara con lo que reciben sus padres en el trabajo, por el gobierno, la policía, aún la iglesia. Ellos les protegen del mal-respeto entre adultos. Tampoco deben recibirlo de Uds. en casa. No son estúpidos, tercos, ni locos. ¿Por qué no les pregunten acerca de cómo sobreviven en la vida de los adultos?

Compártanse y apóyense mutuamente. Como Jesús dijo, es angosta la puerta que lleva al cristiano a salvarse. Todos pasamos por fases que son cargas para otros. Por eso hay que ayudarnos a quitar de nuestro ser lo que nos impide amar, respetar y honrarnos unos a los otros.

Chicos, amen a sus padres. Padres, amen a sus hijos. Iglesia, amen a quien Dios les mande, quitando la falta de respeto de la disciplina. Encuentren formas de enfrentar situaciones de conflicto sin usar malas palabras. Entonces, podremos decir con certitud que estamos entrando por la puerta angosta que nos lleva a Dios.

22º en Tiempo Ordinario - ¡Sean humildes y sean justos!

"Los que se humillan serán exaltados, y los que se exaltan serán humillados." Claramente Jesús valora humildad en el discípulo en Lucas 14. ¿Quién no conoce a gente que se considera más importante que los demás? Se les nota en sus palabras y acciones. ¿Cómo nos hacen sentir?

La humildad viene de la sabiduría, del saber quién somos, de quién somos, y para quién estamos aquí. Fuimos creados hijos de Dios, en su imagen, para alabar, amar y servir a Dios por medio del amor y servicio al prójimo. Sabiendo esto nos ayuda a ser humildes y a vivir en recta-relación, que es ser bíblicamente justos. Hay que recordar esto al honrar al trabajador en este fin de semana y Día del Trabajador.

Noten en Sirácides: "La mente del sabio aprecia proverbios, y el oído atento es el gozo del sabio." Dice que ser sabio es obedecer a dichos sabios. Escuchar no es lo mismo que oír. Todos oímos, pero tendemos a no escuchar. Escuchar con humildad es considerar lo que otro dice tan importante cómo lo dicho y pensado por nosotros.

En otras palabras, hay que dejar que nuestras acciones hablen más que nuestras palabras, que nuestra actitud brille más por lo hecho que por lo dicho. El ser verdaderamente sabio y humilde es evangelizar más con hechos que con lo dicho. Como dijo San Francisco de Asís: "en todo prediquen el evangelio, y si es necesario, usen palabras."

Para ustedes que se consideran más importantes que el otro, su día de juicio ya viene. Serán humillados. Para ustedes que consideran al otro más importante y así lo tratan, serán exaltados. Así lo prometió Jesús. Pues, entonces, ¿cómo se aplica al Día del Trabajador?

Hay dueños de negocios que comprenden que, sin sus trabajadores, su negocio sería menos o no-existente. Dueños justos los tratan con respeto/dignidad, pagándoles un sueldo viviente y merecido. Serán exaltados.

Hay dueños que no comprenden esto y los tratan mal, pagándoles el sueldo mínimo sin beneficios justos y merecidos. Típicamente dicen: "¡Pero pagándoles el sueldo mínimo es legal!"

Díganme, ¿quién puede vivir o criar a su familia de un sueldo de $8 la hora? Si eres un dueño cuyas ganancias resultan por el pago mínimo, ¡qué vergüenza! La práctica injusta en negocios, aún legal, será humillado. Un gran ejemplo es los mercados *Mi Pueblo*. El dueño creó un empíreo sobre las espaldas de los emigrantes sin documentos. Pues, Mi Pueblo acaba de aplicar para banca-rota. Han sido humillados.

La opción preferencial de Cristo para los pobres, que muchos cristianos, empleados, y políticos evitan tocar o lo desprecian, se ve en Lucas 14. Jesús promete el paraíso a los que tratan al pobre como elegido de Dios, como huésped especial del banquete de Dios. El servicio al pobre es la justicia social. A esto estamos llamados.

Para cumplir con el mandato, se necesita una fe humilde, una real esperanza, y un amor genuino. La fe humilde reconoce que somos de Dios. Una fe compasiva dice, "allí si no fuera por la gracia de Dios, voy yo." Un amor genuino es uno que espera a nada en torno. El amor genuino reconoce la faz de Jesús en el pobre.

Estamos invitados al banquete divino y eterno simbolizado por este banquete vital que llamamos la misa. No podemos regresarle a Dios lo que merece, y así lo desea Dios. Sólo podemos agradecerle con humildad, dándole a Dios el crédito y obedeciendo el mandato de hacer lo que le pertenece por medio de lo que hacemos para el pobre porque lo hacemos a Dios. Haciéndolo de corazón, escucharemos: "Vengan y acérquense, queridos míos."

23º en Tiempo Ordinario - Dios siempre nos da otra oportunidad.

Si estudiamos bien la Biblia, veremos que los pueblos de su tiempo no son tan diferentes que nosotros. La diferencia viene en los tipos de culturas en que vivían. Por ejemplo, los pueblos de la Biblia permitían tener esclavos. Ya no lo hacemos, aunque no era tan atrás en la historia que lo permitíamos. Lo menciono porque Onésimo, mencionado por San Pablo, era esclavo de Filemón. Filemón estaba enojado porque Onésimo le robó antes de huir.

Pablo está abogando a Filemón de parte de Onésimo para que le diera otra oportunidad ya que es un discípulo de Cristo. Lo que asombra es que el nombre, Onésimo, quiere decir útil. Pablo vio que Onésimo pudiera ser útil para la misión de evangelizar, y por eso le ruega a su amigo que lo libere para que sirva.

Reconociendo esto me hizo pensar en el tipo de Dios que tenemos. Cristo fue matado por una sociedad que no daba otras oportunidades. Pues estaban listos a apedrear a la mujer adúltera, y los apóstoles querían mandar relámpagos y llamas sobre gente que sanaba en nombre de Cristo que no pertenecían a su banda. Jesús era lo contrario. El comprendía y se preocupaba suficientemente para salvarlos del peligro.

Dios-con-nosotros dijo, "Padre, perdónalos, porque no saben lo que hacen." Y al bien-condenado ladrón le dijo, "Hoy te encontrarás conmigo en el paraíso." El premia a giros de la vida y aboga por los ignorantes. Jesús sería un malo policía. También sería un malo sólo-en-nombre cristiano, o judío o de cualquier religión que piensa en negro y blanco.

A veces los que nos rodean son nuestros más grandes obstáculos en recibir otra oportunidad. ¿Por qué lo digo? Porque todos conocemos a gente que se consideran cristianos sin tener el corazón de Cristo. Pregúntenle a alguien divorciada, a un gay, a un Negro, a Latinos viviendo aquí, o a gente que se parece diferente o suena diferente si se sienten en casa en los EEUU o nuestra iglesia.

Regresando a Filemón y Onésimo, ¿podemos ver que San Pablo está retando a los 2? Quería ver si la conversión de Filemón y el discipulado de Onésimo eran auténticos. ¿Llevaban el corazón de Cristo? ¿Cuál es la respuesta de la pregunta? El perdón lo es. La prueba de un cristiano es su habilidad de perdonar. Pues, Jesús, en la oración que nos enseñó dice: "perdónanos nuestros pecados como perdonamos a los que pecaron contra nosotros," y, "Perdonen a sus enemigos, a los que les mal tratan."

Ghandi dijo, "Los débiles no pueden perdonar. El perdón es la actitud del fuerte." ¿Somos fuertes o débiles? ¿Somos suficientemente fuertes para dejar nuestras categorías absolutas de juicio para darle a otro otra oportunidad? San Pablo mandó una carta abogando por su nuevo discípulo, Onésimo, a Filemón. Nos está mostrando el extremo que va para sanar una relación para liberar a un ardiente discípulo para que haga lo que estaba llamado a hacer: traer Buena Nueva al mundo.

Como Jesús dijo en la parábola hoy, se necesita un plan para poder perdonar a los que encontramos difíciles de perdonar. Hay que imaginar que el que nos ofendió es bendecido por Dios y nosotros por días, semanas, o meces antes de reunirnos con ellos. Hay que imaginarnos hablando calmadamente con el ofensor y decirles que los perdonamos. Luego hay que ir y decirles que los hemos perdonado.

Tan difícil que es, esto es realmente cargar con nuestra cruz y con el corazón de Cristo. ¿Estamos listos y dispuestos? Elegir es nuestro cargo. Si elegimos mal, podemos consolarnos en saber que nuestro Dios nos dará siempre otra oportunidad.

24º en Tiempo Ordinario - Dios nos ama siempre.

"Estuve perdido, pero ahora me he encontrado." El autor de esta frase conoció íntimamente a Cristo y a su gracia. Era una oveja perdida que fue encontrada por el Buen Pastor y regresada al rebaño. Era la moneda perdida ya encontrada y celebrada. El descubrió que Dios nos ama, no importe lo que hayamos hecho o fallado en hacer.

Una amiga mía se acaba de jubilar después de 40 años de haber servido como enfermera practicante, pastoreando a sus pacientes. Su negocio le dio una fiesta. Yo fui invitado a venir y regocijar con ella. Todos, desde los doctores hasta los de la oficina, vinieron a honrarla. Era obvio por las palabras compartidas y las lágrimas, que ella era muy amada y respetada, y que la echarían muchísimo de menos.

Una que vino le llamó después para hablar. Se había conmovido por cómo la habían recordado, pero también sintió angustia. Le causó angustia pensar en cómo ella misma sería recordada por su familia y por sus compañeros de trabajo. Se dio cuenta que, si se jubilara mañana, probablemente pocos vendrían a su fiesta de despedida, y menos hablarían de favor. Decidió cambiar; empezaría a hacer una diferencia como se le hizo por ella.

Se dio cuenta que no es demasiado tarde para cambiar, para hacer una diferencia en otros cómo mi amiga lo había hecho en ella. Había sido perdida, pero ahora estaba encontrada. Eso, amigos míos, es Dios pastoreándonos por medio de ángeles o profetas que Dios nos manda. Podrán ser familiares o colaboradores. Podrán ser amistades, mentores, entrenadores, maestros, o los más chocantes del mundo. Sea quien sea, su mensaje de cambiar es igual ¿Cómo quisiéramos ser recordados cuando nos jubilemos o moriremos? ¿Estamos viviendo así ahora o no?

San Pablo era un asesino, alguien que persiguió a los cristianos. Cristo lo buscó por medio del profeta tanto hasta que se hizo el apóstol de los Gentiles. Se calló ciego, hizo lo que se le pidió, y recuperó sus ojos con vista a la presencia de Dios en sus compañeros humanos.

Un chico que le pregunta a su mamá si Dios es o adulto o padre. Le responde, "¿Qué diferencia hay entre los 2?" "Pues," dijo su hijito, "un adulto te quiere sólo cuando te portas bien. Un padre te quiere siempre." (traducido de: "Why the Brit. Coast Guard doesn't like Eric, but God does, <u>Dynamic Preaching</u>, Vol. XVI, #3, pg. 62)

Algunos padres aman a sus hijos sólo cuando se portan bien. A ellos Dios les dice, "Aún si una madre se olvidara de su hijo, yo jamás me olvidaré de ustedes." Una parroquiana sufrió de la depresión por 50 años. 40 de ellos sufría de grandes dolores de cabeza. Si alguien tuviera razón para terminar su vida y terminar con Dios, ella era. Pero no lo hizo.

Por el amor de Dios encontró el deseo de vivir, aun cuando toda su alma le decía que lo dejara todo. Por medio de sus amistades y su iglesia se sanó de la depresión y ha mejorado de los dolores de cabeza. Ahora arde con la fe que le motiva, y busca formas de mejor servir a Dios y compartir su amor a la vida. ¿Y nosotros ardemos así por Dios?

Todos hemos sido o somos ovejas perdidas. Dios no nos dejará solos hasta que enfrentemos ser encontrados. Luego hay que reconocer la llamada a ser pastores como Cristo fue con nosotros. Es así que nos sentimos encontrados y sanados, porque un cristiano verdadero cumple con la misión de Cristo ya que Él lo cumplió en nosotros.

Jesús quiere que nos sintamos amados no importa cómo. Si hemos usado drogas/alcohol, Dios nos sigue amando. Si tuvimos un aborto, nos sigue amando. Si hemos sido fuentes de sufrimiento para la familia, aún si nos abandonaran, nos sigue amando.

El amor de Dios por nosotros no depende en ser buenos, sino que es su carácter amar sin condiciones. Podemos casi amar así, pero no sin su ayuda. Recuerden: hay más felicidad en el cielo por un pecador que se da cuenta que ha sido encontrado, que por 99 que se sienten que no están perdidos. Gracias a Dios que nos seguirá amando no importe cómo.

25º en Tiempo Ordinario - Estamos creados para servir.

Fuimos creados para alabar, acatar y servir a Dios, y así salvarnos. Todo el resto fue creado para ayudarnos a cumplir con el fin de salvarnos.
(1ᵉʳ Principio & Fundamento de los Ejercicios
de San Ignacio de Loyola)

Al leer el evangelio, pensé en esto y en el tema: "El dinero es un medio y nunca, un fin." Estos están detrás de: "No se puede servir a Dios y al dinero." Pues si el dinero nos interesa, recuerden que es un medio para nuestra salvación. Dios es nuestro fin; el dinero es un medio.

El fundador de los metodistas descubrió esto por medio de sus talleres de fe y el crecimiento de sus feligreses. Sus talleres atrajeron a muchos buscadores disfuncionales. Se sintieron conmovidos a cambiar de adictos a sustancias a adictos al dinero y su ganancia.

Ofreció el fundador una magnífica solución: Ganen todo lo que puedan, ahorren todo lo que puedan, y donen todo lo que puedan. La mayoría de nosotros aceptamos las 2 primeras frases, pero pausamos con la 3ª. ¿Por qué? Porque el dinero tienta y corrompe.

(Adaptado y traducido de: "Financial Freedom," <u>Dynamic Preaching, Vol. XXIII, No. 3, 2007, pg. 85)</u>

Miren al mayordomo del hombre rico en el evangelio. Tentado por el dinero, lo convirtió, en fin, en dios. Cuando se descubrió su fraude, y vio que su vida y estatus cambiarían, tomó acción y convirtió el dinero en el medio de su futuro nuevo. Así aseguró su futuro y logró recibir una gran recomendación de Jesús.

Jesús no lo hace por su fraude, sino por creativamente encontrar una solución de su futuro fatal. Ganó todo lo que pudo, ahorró todo lo que pudo, y donó todo lo que pudo para asegurar la gratitud de los que recibieron de su creatividad: los clientes de su amo.

Había tomado el pelo de la gente y lo descubrieron. ¡Qué increíble es cómo la necesidad, da a luz a la madre de la invención! Es esa invención que le gustó a Jesús. Nos reta a hacer tan creativo como él. Somos hijos de la luz desde nuestro bautismo. Por eso estamos llamados a salvarnos usando las cosas del mundo para ayudarnos a lograr nuestro fin. Pues, hay que ganar, ahorrar, y dar todo lo posible para salvar al otro y a nosotros mismos y llegar a la unión con Dios. Ese "todo lo posible" es primariamente el amor. Luego se puede aplicar a la compasión, el perdón, la bondad, y toda otra virtud.

Cómo tratamos a otros será lo central del encuentro cara-a-cara con Dios en el juicio final. Grupos, instituciones, e individuos serán juzgados también. Cómo nos tratamos como individuos, familias, iglesias y naciones, y los pobres, será parte de nuestro juicio final.

En la 1ª lectura Amos advierte a los brutales del mundo, a los más grandes, fuertes, y ricos en los ojos de la sociedad, los más poderosos, y Amos dice que Dios jamás se olvidará de sus hechos y los nuestros.

"Escuchen esto, Uds. que abusan del pobre, terminando con ellos… jamás me olvidaré de sus hechos."
(Amos 8:4 & 7)

O en el evangelio: "Tendrán que dar cuentas de su servicio." En otras palaras, "brutales, cuídense. Mírense en el espejo." ¿Hay que ser honestos con nosotros mismos? ¿Usamos a nuestros dones, inteligencia o fuerza para dañar al pobre?

Por medio de Amos y Lucas, Dios nos llama a ser co-responsables de los quien nos envía. Los pobres, necesitados e ignorantes en cosas de economía: Dios nos los encomienda para cuidar de su bien estar.

Hay que ser sus co-responsables sin que nada nos impide. Dios nos envía a cuidar la vida, la creación, los animales y otros humanos. Ganen, ahorren, y denles todo lo posible para ayudarnos a salvar nuestra alma y los de los demás, porque seremos juzgados por cómo servimos a lo que Dios nos ha enviado a cuidar.

26º en Tiempo Ordinario - Te crie a ti, ¿no?

"El maestro Sufí dijo: "Me encontré un día ante un niño desnudo, enfermo, hambriento, muriéndose de frío. Le grité a Dios: "¿Por qué no haces algo por él?" Me acosté con la imagen del chico imprimida en mi mente. Me despertó la voz de Dios: "He hecho algo, te crie a ti, ¿no?" (Traducido y adaptado del cuento: "The Disabled Fox," The Song of the Bird, Anthony de Mello, Doubleday, 1982, pg. 79)

Una diferencia entre el Sufí y el rico es que el Sufí prestó atención al pobre, el Lázaro en su vida, mientras que el rico jamás lo notó, ni se preocupó de él. Lo que Dios dijo al Sufí, nos lo dice a nosotros: "Hice algo (por la pobreza), te crie, ¿no?"

Hay algo final y desconcertante en el evangelio. Al final de la vida quedaremos en un lado del abismo, el Gran Cañón de nuestra alma. Ya que lleguemos, no hay forma de cruzar al otro lado. Un lado es el cielo y el otro, el infierno. Si murieran ahora, ¿en qué lado se encontrarían?

El reto es pensar sobre esto. Tenemos el criterio para llegar a los 2 lados del abismo. 1º, el infierno. Amos dice que los que toman el pelo de los pobres/desesperados, que Dios jamás se olvidará de sus hechos. Pues, pecados de <u>comisión</u> puede poner a uno en el infierno. Lucas nos presenta al rico, viviendo sin preocuparse de Lázaro. Se encuentra en el infierno por <u>no preocuparse</u>, por hacer nada por Lázaro, por pecados de <u>omisión</u>. Pues, ahora entendemos el por qué decimos al comenzar la Misa: "Por lo que he hecho y por lo que he dejado de hacer."

¡Qué idea! Si hacemos nada por el prójimo, si no nos preocupamos, al infierno iremos. ¡No se confundan! No digo que ser rico es pecado. Lo que digo es que lo que importa es qué hacemos con ello. El pasaje le chocó a la gente porque pensaba que ser rico era bendición de Dios, y ser pobre era castigo de Dios. Jesús traspone los conceptos. El pobre, como Lázaro, irá al cielo, y el rico, como el de la historia hoy, al infierno.

Recuerdan la bienaventuranza: "Dichoso el misericordioso porque obtendrá la misericordia." Si la aplicamos a esta noción, "Dichosos Uds. ricos, que usan su riqueza para servir al pobre, porque suyo es el reino del cielo." ¡Qué mensaje para la gente de los EEUU!

Acabo de tomar una clase en Budismo Zen. Me fascinó. Su forma de pensar me dio varias ideas. Por ejemplo, hay 8 pasos para aliviar el sufrimiento del mundo. Se necesita rectas ideas, recta intención, recta forma de hablar, recta acción, recto bienestar, recto esfuerzo, recta forma de pensar, y recta meditación. La Biblia dice que solo hay un paso: recta relación. Recta relación incluye a los 8 pasos y es lo que la justicia realmente es en la Biblia.

¿Era recto que el rico no sirviera a Lázaro cuando pudo hacerlo? ¡No! ¿Es recto el no ayudar al pobre cuando podamos? ¡No! Es obvio en el evangelio de Lucas que Dios tiene una opción preferencial para el pobre. Es decir, si nuestro amor por Dios y el prójimo no incluye amor por el pobre, no estaremos en comunión con Dios.

No se confundan. No digo que hay que dar y dar al pobre. Eso no es lo que estoy diciendo. Hay que averiguar el por qué el pobre está pobre, y luego ayudarle a salir de su pobreza. Algunos de nosotros tenemos que alimentarles y vestirle, mientras que otros tenemos que abogar ante los poderosos que cambien las estructuras que los mantienen pobres. Y hay que tener a los que ayudan a los pobres salir de su propia pobreza. Estos 3 puntos de la Recta Relación forman el triángulo de la Justicia Social.

Hemos sido retados. Es para nosotros elegir. O somos como el rico que termina al lado del abismo que es el infierno. O somos como el Sufí que hace algo por los Lázaros que nos rodea, y nos paramos junto a Lázaro y a Cristo. Dios nos creó para hacer algo por los que no pueden por sí mismos a solas. ¿Estamos dispuestos, o no?

27º en Tiempo Ordinario - La fe es un verbo

¿Cuántos creen que creer es lo mismo que tener fe? ¡No lo es! Hay muchos que creen en Dios pero no tienen fe. El diablo creyó en Jesús como hijo de Dios, pero no tiene fe en Jesús. Creencia que acierta dice, "Creo en Dios." Creencia comprometida, que es la fe, dice: "Creo en y me entrego a Dios." ¿Comprenden la diferencia? Creencia es un sustantivo, y la fe es un verbo dinámico.

Las lecturas nos llaman a tener fe. Fe comienza con una chispa, un momento de "Ajá." La chispa comienza una llama. Como una llama la fe necesita soplar la chispa para convertirla en fuego. Nuestra chispa la recibimos en el bautismo. Se sopló en la confirmación y la 1ª comunión. Eso es lo que los sacramentos hacen: soplar llamas para mantenerlas. La llama de fe tiene que arder como un fuego en el seno, en la barriga. Por eso venimos a Misa, para que la comunidad nos sople nuestra fe.

Y fuegos no tienen miedo. Sólo van. Gente de fe tampoco temen. Miren: "Dios no nos dio un espíritu de timidez, sino de poder, de amor y de autocontrol." San Pablo nos dice que tuvimos impuestas manos para trasmitirnos el Espíritu Santo. Con ello no debemos ser tímidos, pero lo somos. ¿Por qué tenemos miedo?

Cuando equivocamos la fe por creencias, el temor nos domina. Pero cuando tenemos fe, el poder del amor está en el corazón. Pablo y Jesús tuvieron el poder de un gran propósito: el predicar a Cristo con un fuego en la barriga. Jesús predicó la Buena Nueva a los pobres, regresó la vista al ciego, liberó al oprimido, y anunció el año favorable de Dios. San Pablo aceptó la misma misión, pero tuvo que dejar su misión previa: la de perseguir a los cristianos. ¿Tenemos misiones que debemos dejar para poder embarcar la misión de Cristo?

Una vez hecho, Pablo se convirtió en predicador poderoso por el amor que viene de Dios. Gente de fe son llevados por el transformante amor. El amor enfoca nuestra misión. ¿Es nuestro amor a la misión, o se da para ser reconocido? ¿Es del que es servido o del que sirve?

El amor enfoca la misión, pero la disciplina mantiene el ojo en el premio. Podémos tener la mejor misión del mundo, pero sin disciplina para mantenerse enfocado, fallará la misión. Muchos tenemos grandes sueños para llevar a cabo, pero nos falta la disciplina para cumplirlos.

La Compañía de Jesús, los jesuitas, es el grupo en que Papa Francisco y yo pertenecemos. ¿Sabían que la Compañía es la orden más grande de misioneros en la iglesia? Somos más reconocidos en el EEUU por nuestros colegios y universidades. Pero la verdad es que somos hombres enviados, misionados, para promover una fe-que-hace-la-justicia. Nos entrenamos en la disciplina para sobrevivir y lucir donde otros temen ir.

Un gran jesuita, compartió una historia contada a él por su amiga a puntos de morir: "¡Yo conozco el sentido de la vida! En la niñez y adolescencia, servimos; en los años 20 y 30, servimos; en la edad media, servimos; en la vejez y al punto de morir, servimos." Jesús dijo: "No he venido a ser servido, he venido a servir." Ese servicio no se dio para ser notado. La fe no busca fama. Toda otra motivación muestra la necesidad del servidor a ser notado. La fe se centra en el servido, no el servidor.

"Caminamos por la fe y no la vista," dice las Escrituras. Caminar por la fe es servir. Y el servir es un verbo. Cuando servimos por la fe que viene del amor que busca la justicia, es decir, la recta relación, escucharemos algún día: "Vengan buenos y fieles servidores y hereden el reino preparado para Uds. desde el comienzo del mundo. Vengan y gocen de mi felicidad." Que nunca se nos olvidemos de esto.

28º en Tiempo Ordinario - Quiero que ve vean.

En una de mis favoritas películas, Avatar, los caracteres dicen: "Te veo," es decir, "Te veo por quién eres, y te amo." Todos deseamos ser vistos, notados, y apreciados por quién somos de verdad, ¿sí o no? Pero todos venimos a misa con mucho en nuestra mente, pero sin incluir realmente ver a cada persona.
El rabino Harold Kushner en su libro, ¿Quién necesita a Dios?, habla de una forma de ver especial.

"La religión no es solo creencias, oraciones, o rituales. Predominantemente la religión es una forma de ver. No puede cambiar los hechos del mundo, pero sí puede cambar la forma que vemos esos hechos, y eso puede causar la diferencia." (traducido de "Finishing in the top 10%," Dynamic Preaching, 1998, Vol. XIII, no. 4, pg. 12-13)

El gran, Leo Buscaglia, en su libro: Living, Loving, and Learning, dijo: "El propósito de ser humano es valer, hacer una diferencia por haber vivido." El causar una diferencia implica que alguien nota y da testimonio de lo hecho. Todos queremos que gente nos note y que sean respetuosos de nosotros seres humanos, y no nos traten como cosas que temer o evitadas. La cumbre de exclusión por el miedo era el leproso en tiempos de Jesús, o, en nuestro tiempo, uno sin hogar con SIDA o SARS.

No se necesita mucho para hacernos sentir que hemos perdido la dignidad. A veces nuestros padres/maestros destruyen nuestra autoestima por lo que dicen o hacen. A veces nuestros mejores amigos nos dañan profundamente, aun sin saberlo. A veces curas o religiosos nos maltratan o demuestran falta de compasión. ¡Es un choque! Y hoy, en los EEUU, gobiernos e iglesias discriminan contra emigrantes, gays, los sin hogar, y musulmanes, como no merecedores de respeto. Y por eso estamos aquí, para sentirnos en casa, acogidos, aceptados y valorados.

Los leprosos construyeron una comunidad al compartir la misma enfermedad. Aunque judíos y samaritanos se odiaban, se unieron en comunidad por la lepra. Sin embargo, querían sentirse enteros. Por eso le pidieron a Jesús por su misericordia y recibieron mucho más. Jesús escuchó sus súplicas, y los trata con compasión, mandándolos a sus sacerdotes que habían sido sanados. A estos, hambriento de contacto, de afecto, y de pertenecer, Jesús les regresa su dignidad. Pueden regresar a sus hogares, sus iglesias, y a sus pueblos. Pueden ir sin el miedo de ser excluidos o burlados. El samaritano fue sanado, y mostró su gratitud y su discipulado. La sanación tumbó el muro de la separación religioso.

¿Hay partes de nuestras vidas en que nos sentimos excluidos o burlados? ¿Somos gente que excluye y se burla de otros? Si sí, entonces hay que pedirle a Jesús por su misericordia y perdón ahora mismo. Ya lo hicimos en el Rito Penitencial. Ahora hemos identificado la necesidad de ser sanados. Tal vez podamos pedirle a Dios por su perdón y compasión.

¿En que pudiéramos ser perdonados? Tal vez del cargo del yugo de no perdonar. Quizás no nos gusta nuestro cuerpo, mente o alma. Tal vez hemos efectuado un aborto, o hemos sido infiel, o mentido. Quizás somos adictos al alcohol o trabajo, o la droga, o pornografía, o el juego. Tal vez somos homofóbicos u odiamos al emigrante. Dios prometió estar con nosotros siempre, aun en medio del pecado o de lo que nos quita la dignidad. ¿Pudiéramos confiar en la promesa de Dios y pedir su perdón?

Jesús eleva al samaritano agradecido, honrando a la gratitud. Que seamos elevados por el corte divino por haber vivido de gratitud y por haber causado una diferencia por haber vivido y amado. ¿Pudiéramos decir lo que Dios ha hecho, está haciendo, y va a hacer por nosotros? ¿Pudiéramos responder al salir de aquí como apóstol de Dios?

29º en Tiempo Ordinario - ¡La Fe se vive!

El Nuevo Colossus
No como el gigante de fama griega,
con brazos que conquistan de tierra en tierra;
aquí en las rejas lavadas en el mar se para
una formidable mujer con una antorcha, cuya llama
es el relámpago encarcelado, y su nombre:
Madre de los exiliados. Desde su mano en fugado
brilla una bienvenida mundial; sus ojos suaves reinan
la bahía con puente de aire entre ciudades gemelas.
"¡Quédense con sus tierras, sus ricos!" grita ella
con labios silenciosos. "Dame tus cansados, pobres,
sus masas anhelando la libertad,
la despreciada basura de sus playas.
Manden a estos, los que no tienen hogar, sus perdidos a mí.
Levanto mi antorcha unto al portal de oro."

Por Emma Lázaro, en la Estátua de la Libertad en Nueva York

Acabamos de oír: "Cuando venga el Señor, ¿encontrará fe en el mundo?" ¿Está Jesús frustrado? ¡Sí! No se comprende su mensaje. Está frustrado porque dependen sus discípulos en Él y no en el Padre, el que lo envió. Jesús quiere que aprendan a orar y luego actuar.

Jesús exalta a la mujer que persevera ante el juez injusto. Sabiendo quién es y cómo es, ella persiste en buscar la justicia. Ella asemeja a los descrito en la Estatua de la Libertad: los cansados, pobres, la basura. El juez es cómo los que reciben el poema y la parábola: los ricos poderosos de la historia.

Como la Madre de los exilados, ella es héroe para los que persiguen la justicia: emigrantes, homosexuales, mujeres, los pobres obradores, y las comunidades de organizadores como SDOP y el Comité Inter-Fe de la justicia social. No se tomó por vencida, y su premio era la justicia de un juez que jamás se hubiera preocupado por ella. ¿Perseveramos como ella? ¿Sabemos lo que es la justicia para poder perseverar en pedirla?

Si nos pasara algo injusto, ¿reaccionaremos o responderemos? Una reacción es una inmediata acción sin reflexión. Una respuesta es una acción lenta después de parar, orar, discernir, y luego actuar. Si el mal nos cae, ¿seguimos adelante o pensamos que lo merecemos por haber pecado? Cuando la vida nos da un limón, ¿lo tiramos o hacemos de él limonada para compartir con todos? La vida no ha terminado por no salir como esperamos. La vida nunca sale como esperamos. ¿Y qué? Sigue adelante como si nada.

Hemos estudiado la fe más en estas semanas. Ya entendemos que es un verbo y no sólo un sustantivo; es una acción basada en creencias. Es una alianza con el Dios que nos creó. La justicia es la recta-relación no igualdad. Implica estar bien con Dios, su creación, y con nosotros. La alianza implica ser enviado, pero el discernimiento, que alimenta a la alianza y nos prepara a ser enviados, pide el orar.

Algunos piensan que orar es un desperdicio de tiempo. ¿Y qué? Sigan orando. El orar cambia a Dios, al quien ora, y la manera en que se ve el mundo. ¿No creen que esto merece celebrarse? Oren como si todo dependiera en nosotros y obren como si todo dependiera de Dios y nuestra fe dará fruto.

Hemos oído que la vida no es justa. Pues, el orar nos ayuda cuando la vida es injusta. La vida es como el juez injusto, y la oración como la pobre, que recibe su premio al perseverar. Si pedimos por un cambio y no pasa, el orar cambia la forma que miramos a la vida y la aceptamos tal como venga. Lo que no controlamos es de Dios. Esto reduce el estrés y nos mantiene sanos y salvos.

Escuchar en oración nos da lo que hacer con lo controlable. Dios nos mostrará cómo amar y vivir mejor. Dios dice que hagamos lo recto siempre, y lo que sale del amor en todo. No hay más gozo que el saber que amamos y somos amados.

¿Podemos amar a la vida tal como venga, sin compararla con otros? ¿Oramos cada día para hacer una diferencia por haber vivido? Si sí, entonces el Hijo del hombre encontrará la fe en nosotros, y estará contento.

Día de Todos los Santos - ¿Son nuestras vidas linternas?

Quisiera saber ¿Cuántos de ustedes están listos para ser inscritos en nuestro Libro de los Santos difuntos? Levanten sus manos si lo están. Pues, como ven, pocos de ustedes están listos para estar rostro a rostro con Dios. ¿Por qué? ¿Qué les impide estar listos?

Celebramos el Día de Todos los Santos, el día que Dios da gracias por las vidas de los inscritos en el Libro de la Vida. Es un gran día de fiesta. Recordamos con amor a todos nuestros santos: los canonizados, los no-canonizados, y los santos vivientes. Los canonizados son los clásicos, los que aparecen en los vitrales, cuyas biografías conocemos. Los no-canonizados son los que vivieron vidas santas, pero jamás serán canonizados formalmente. Los santos vivientes son los que merecen ser imitados por cómo viven sus vidas hoy día.

En otras palabras, son héroes a sus familias, sus vecindades, sus lugares de trabajo, sus naciones, y sus iglesias. Hay un restaurante en Wyoming, con un letrero que dice: "Un héroe es alguien que prende una gran luz en el mundo, que sirve como una linterna en las calles oscuras de la vida, para que otros puedan ser guiados por ellos. Un santo es alguien que camina por los senderos oscuros de la vida, y cuya persona es la luz."

Santos merecen ser emulados. Tienen la integridad que les permite ser firmes mientras que le mundo pide algo diferente. Ser un sano es tener una forma especial de vivir. Es el ser testigos a lo que Cristo ha hecho en nuestra vida y dar testimonio de su presencia. Cuando el peregrinaje de la vida termine, el santo ha dejado un mundo mejor por haber vivido.

Antonio de Mello, un jesuita, cuenta una historia de un hombre que es tan santo que los ángeles cantan con gozo al verlo. Lo interesante es que no tiene ninguna idea que es santo. Vive su vida radiando bondad como las flores que comparten su fragancia y belleza, o una vela su luz. Su santidad consiste en esto: "Se olvida del pasado de alguien y se enfoca en hoy. Mira más allá de la apariencia y ve el centro de cada ser, donde su inocencia no lo deja ver lo que otro hace. Eso es como él puede amar y perdonar a todos. Él nunca cree que está haciendo algo extraordinario. Es así que trata a todos. (Ibid., pg. 13-14)

La trayectoria de la vida, la actitud vital de un cristiano tiene que ser esto: El querer dejar a un mundo mejor por haber vivido. Ser un santo es una forma de vivir, una forma de ser testigo de la presencia de Dios en el mundo, para que el mundo pueda ser mejor. Cristo nos llama a vivir con misericordia, la paz, la justicia, y la generosidad, todo lo que trae luz a las tinieblas.

Hoy celebramos y recordamos las vidas de los que sirvieron como linternas de luz brillante en el mundo oscuro. Hoy compartimos con nuestros queridos que recordamos a nuestros queridos difuntos para que su memoria jamás muera. Hoy hablamos de los santos, cuyas vidas los hace dignos de ser imitados.

Pidamos por la gracia de dejar este mundo mejor por haber vivido en ello. Pidamos por la gracia de ver más allá de apariencias y ver a alguien como Dios lo ve, con amor y perdón. Pidamos por la gracia de aprender a dar nuestras vidas en servicio de otros, y así dejar un lugar con mejor luz en la cual se puede vivir.

30° en Tiempo Ordinario -
Sean maestros como el gran Maestro

Escuché una vez: "El que puede, hace, y el que no puede, enseña." Cómo odio oír esto, porque decirlo es decirle a Jesús que es un fraude.

En la obra, **Un hombre para toda estación,** Santo Tomás Moro está hablando con Ricardo Rico, un ambicioso que se piensa importante y se piensa ser real. Tiene que decidir algo que cambiará su vida para siempre. Ha sido un buen maestro, pero es tentado para tomar la posición de Duque. Tomás le dice, "Sea un maestro, Ricardo. Eres un magnífico maestro." "Pero ¿quién sabrá que soy magnífico?" le preguntó Ricardo a Tomás. "Tus alumnos, tú mismo, y Dios. Se me hace que no hay mejor compañía.

Una vez más vemos el tema de enseñar a orar con la parábola del fariseo y el publicano. Jesús quiere enseñarles a orar con humildad. ¿Por qué enseñar? Pues, ¡miremos el por qué!

Soy un maestro. Nací con la 1ª pregunta que salió de la boca de un niño. He sido mucha gente en muchos tiempos y lugares. Soy Sócrates, que inspiró a jóvenes de Atenas a descubrir nuevas ideas por preguntas. Soy Ana Suliván; toqué los secretos del universo en las manos de Elena Keller. Soy Felix Samaniego, el fabulista, como Jesús, revelando la verdad por historias.
 Soy Marva Collins; luché por el derecho de todos de recibir una educación. Soy María Bethune; construí una buena universidad para mi pueblo negro, usando cajas para la fruta como escritorios. Soy los nombres de los que han enseñado desde el comienzo del mundo. Mis nombres son como una lista de famosos de la historia: Booker T. Washington, Buddha, Confuso, Leo Buscaglia, Moisés, Jesús, y muchos más.

En un típico día he sido actor, amigo, enfermera, doctor, entrenador, prestador, psicólogo, vendedor, político y cuidador de la fe.

La riqueza material no me interesa, pero sí persigo el tesoro en la búsqueda de la verdad al perseguir que mis alumnos usen sus talentos, que a veces se esconden en la negatividad del auto-fracaso.

Soy el más afortunado de los que laboran. El doctor es permitido traer una nueva vida en un solo momento. Me permiten a ver nueva vida al nacer nuevas ideas y amistades. El arquitecto sabe si alguien construye con cuidado y la verdad, dejan un edificio que perdurará por siglos. Un maestro sabe que, si se entrega con amor y la verdad, construirá algo que durará por siempre. Soy maestro…y doy gracias a Dios cada día por llamarme a hacerlo.

(Adaptado y traducido: "Soy un Maestro," de John W. Schlatter en <u>Caldo de Pollo para el Alma</u>, Pg. 145-7)

Lo que construye el maestro durará para siempre. ¿Quién no quiere saber que su labor durará para siempre? Estamos llamados a construir algo que perdura, a dar fruto que perdura. El maestro, Jesús, en la parábola del fariseo y el publicano nos dice: "actúen justamente, ámense tiernamente, y anden humildemente con su Dios," (Mica 6:8) y así perdurará lo que se construye.

El Fariseo era alguien visto como sagrado, por obedecer la Ley al pie de la letra. Esto lo rectificaba. Seguro que era buena persona, pero le faltaba cosas importantes. Al exaltarse ante Dios, le faltaba humildad. Al criticar al publicano, le faltaba la justicia, y al condenar al pecador, le faltaba la compasión y el amor tierno.

Hacía las cosas rectamente, pero no hacía lo recto ni lo justo. Daba diezmos de sus ingresos, pero lo hacía para que gente lo notara, no basada en el amor y la compasión, ni para mejorar al mundo. Ayunaba más de lo pedido, pero no para purificar su mente, alma, o espíritu. "¿Qué vale ganar al mundo y perder tu alma en el proceso?"

Nos queda Jesús y Sto. Tomás diciéndonos: "Sea maestro. Enseña a otros a actuar con justicia en casa, el trabajo, en la iglesia, en los barrios, porque el actuar con justicia es tratar al otro, a sí mismo, y a la creación, como dones de Dios. Enseña a otros a amar con ternura, que no posee, ni manipula, ni es simplemente erótico. Enseña a andar con humildad, no humilladamente, con nuestro Dios.

Vivamos la ley de Dios de amar al otro como hemos sido amados. Enseñemos el compartir por el ejemplo, sin esperar algo en torno. Enseñemos ser humildes, caminando con los demás y así caminar con Dios. ¿Quién sabrá que somos buenos maestros? Que Cristo nos diga: "Pues, mis hijos, yo, y el Padre. No hay mejor compañía, ¿no crees?"

31° en Tiempo Ordinario - Somos rompecabezas de Dios.

Todos hemos trabajado con rompecabezas. Cuando abrimos la caja, vemos las piezas e imaginamos cómo saldrá. Para ayudarnos, el autor nos da en la caja una imagen del cuadro final. Luego empieza la parte difícil: el poner pacientemente cada pieza en su propio lugar.

Dios es el autor del rompecabezas de nosotros. Para ayudarnos, Dios mandó la imagen de quien debemos ser: Jesús, el Cristo. La caja es la Biblia. Y hoy muestra la imagen de un Dios que nos ama y nos perdona esperando que podamos arrepentirnos, o sea, mirar de nuevo a nuestra vida y dejarnos cambiar por esa mirada. La caja tiene 3 piezas: el saber quién somos, de quién somos, y para quién estamos aquí para amar y servir.

Es lo que le pasó a Zaqueo. Su vida se había desviado del real Zaqueo a un vicioso cobrador de impuestos, cuyo amo era el enemigo: Roma. Todos pensaban que Zaqueo era un gran y deshonesto villano. Luego escucha que Jesús se acerca. Sube a un árbol para verlo porque es bajo de estatura. Antes que nada, Jesús dice su nombre. "¡O Dios, sabe quién soy!"

Luego, Jesús se invita a cenar en su casa. Alborotado, se baja y corre a casa para prepararse a recibir la sorpresa de su vida. Escucha malas palabras dirigidas a Jesús por cenar con él. Luego Zaqueo le dice a Jesús que dará lo ahorrado a los pobres y repagará a los que defraudó 4 veces lo robado. Esto es restitución/arrepentimiento real. El inaceptable Zaqueo es transformado por el amor y perdón de Cristo en quien que fue creado a ser.

Pues, hemos sido llamados en el Bautismo, y dados la imagen de Cristo por el Espíritu Santo, que vive en nosotros desde ese momento. Recibimos biblias, rosarios, velas, y vestuarios blancos para que recordemos quién y de quién somos. Miremos la imagen de Jesús para convertirnos en él. Oremos para mantenernos en contacto con el Dios que nos recuerda que somos hijos de la luz, y hay que dar testimonio acerca de quién somos, de quién somos, y para quién estamos en la tierra para amar y servir.

La Rev. Ángela Askew aclara: "Lo que Jesús le mostró a Zaqueo era que Dios acepta y transforma al inaceptable, ama al no-amable, y perdona al imperdonable." Como Zaqueo, estamos invitados a la fe-que-hace-justicia.

(Adaptado/traducido de "A small man who was given a big heart," Dynamic Preaching, Vol. XXVI, pg. 25-26)

¿Nuestra vida se ha convertido en inaceptable o no-amable? ¿Se ha distorsionado nuestra imagen por nuestros pecados o falte de actuar? ¿Sabemos quién somos, de quién somos, y para quién estamos aquí para amar y servir? El mensaje del evangelio debe consolarnos. Al reconocer, como Zaqueo, que Dios nos ama y nos llama a ser quién deberíamos ser, podemos cambiar para que nuestra imagen coincide con nuestra caja.

Al partir el pan, se ponen más piezas en el rompecabezas. Pidamos a Jesús por la gracia de obrar para aceptar y transformar a lo inaceptable en nosotros y el mundo. Nos llama a ser gente que ama, que siembra paz, que cuida. Amemos al enemigo, al no-amable, y que nuestro hogar sea uno de paz. Cuidemos a nuestra vecindad, ciudad, nación y mundo. Cuidemos al universo, cada uno, a nosotros mismos, al agua, recursos, y la tierra. Cuando cuidamos, nuestros pecados de comisión y de omisión son perdonados, y ponemos más piezas en nuestro rompecabezas.

Que salgamos de aquí apóstoles que obran para aceptar y transformar lo inaceptable, para amar lo no-amable, y para perdonar lo no perdonable. Que seamos apóstoles-para-los-demás que viven una fe-que-hace-la-justicia. Hagamos esto y lo inaceptable, no amable, y no perdonable en nosotros será sanado, y la imagen en la caja de nuestro rompecabezas será lo que nacimos y fuimos bautizados a ser. ¿No creen que esto merece ser celebrado?

32º en Tiempo Ordinario - ¿Te subirás en la cruz?

2 hombres que hicieron el RICA fueron bautizados en la Vigilia Pascual. ¡Qué gozo sintieron al ser recibidos en la Iglesia católica! El siguiente año uno al otro dijo, "¿Te subirías en la cruz con Jesús?" "Pues, puedo ir hasta la cruz, pero no puedo subir." Lo que tocan al hablar así es ser mártir, testigo de la fe. Me hace pensar, "¿Por qué estaría dispuesto a dar mi vida? ¿Qué pinta la resurrección para mí? ¿Temo morir? ¿En que se basa ese temor a morir?

Hemos estudiado la fe y el orar en las semanas pasadas. Sabemos que la fe es un don de Dios. Es lo que nos motiva a levantarnos, lo que nos da sentido a la vida y la muerte, y lo que nos impulsa a crecer. Para nosotros con fe, ninguna explicación es necesaria. Para nosotros sin fe, ninguna explicación bastaría. ¿Creemos en la vida más allá de la muerte o no? Cómo vivimos comprueba si creemos de verdad o no.

Comencé las misas de Los Santos y Los Difuntos con la pregunta: ¿Cuántos están listos para ser inscritos en el libro de los difuntos? Ni una mano subió por el séptimo año. ¿Por qué? Por el temor a morir.

Jesús revela hoy que el cielo existe, que no se casa en ello, y que reconoceremos a nuestros antepasados. Nuestro amor por Dios y por el prójimo crecerá. Esta revelación debería consolar a alguien de fe. ¿Nos consuela suficientemente para quitar el temor a morir? A los sin fe, no importa para cambiar. El temor siempre perdurará.

Pero gente de fe también teme morir. ¿Por qué? ¡Es el gran desconocido! Nadie ha regresado para compartir lo que nos espera al otro lado, ni Lázaro, que fue resucitado después de 4 días en el gran desconocido. No hay noticias a las 11pm para decirnos qué nos espera. Jesús no revela lo que pasa después de morir, pero sí lo que nos espera: el paraíso. Lo que aprendemos de la vida y la muerte, lo aprendemos de las parábolas como la de hoy.

¿Qué podría quitarnos el temor a la muerte? San Ignacio Loyola nos da un magnífico ejercicio en sus Ejercicios Espirituales. Se medita acerca de nuestra muerte. Imagina quién está y a dónde vas al morir. Sin analizarlo, ¿qué pasa? Yo recibí el don de saber que, aún con mis pecados, soy amado, perdonado, y llamado a servir. Mi temor de morir se me fue, y abracé la vocación de ser un verdadero hombre católico, un jesuita, y un sacerdote. Los invito a ir a casa y hagan esta meditación. Noten lo que les pasa y lo que sienten al hacerla.

No se pueden imaginar qué liberadora es saber que estarás con Dios. Me libera a gozar de la vida y la muerte. Me alegro al despertar porque me ha dado Dios un día más para amar, ser compasivo, e influir en las vidas de otros. El pensar en no despertar me alegra también porque sabré que compartiré el paraíso con mi Dios. ¡Inténtenlo!

Jamás vivirán de verdad si no están en paz con morir. Lo aprendí hace 29 años cuando trabajaba en el Hospital San José en Phoenix, Arizona en el programa de Oncología. Una monja de la Misericordia me entrenó y no me dejaba acercarme al paciente o su familia si no estaba en paz con mi muerte. Estar en paz así nos libera a estar presente en los momentos más claves de la vida de una familia. A esto está llamado el católico: estar presente en cada momento vital.

Intenten liberarse suficientemente para poder estar presente a la vida y la muerte. Entonces, si escucharan la pregunta: ¿Te subirías en la cruz con Jesús? podrás contestar sin miedo y de todo corazón, "¡Claro que sí, que me venga!"

33º en Tiempo Ordinario - ¡Sean locos para la misión!

Ni a San Pablo o Jesús le gustaba ver a metiches o flojos discípulos. No les gustaba ver a alguien que no trabajaba como debería. Pablo dijo:

> "Al contrario, en trabajo y miseria, noche y día trabajábamos, para no ser pesos para Uds. Queríamos presentarnos como modelos, para que Uds. nos imitaran. De hecho, cuando estábamos con ustedes enseñamos si alguien no quería trabajar, tampoco comerán. Hemos escuchado que algunos de ustedes se están portando mal, no trabajando bien, sino siendo metiches en las vidas de otros." (2 Thess. 3:7-12)

La historia humana está repleta de gente que trabaja y gente que tomaba el crédito. Recuerdo en la escuela cuando nos daban tareas en grupo. Uno siempre hacía la tarea mientras que el otro, con lengua de ceda, se hacía el guaje tomando el crédito. La mayoría de nosotros no hacíamos nada para mantener la paz, pero por dentro sentíamos rencor, ¿no? Algunos recordamos al Papa Juan XXIII. Lo entrevistaron y le preguntaron cuánta gente trabajaba en el vaticano. Él dijo, "La mitad."

Tal vez, nos reímos, pero Cristo odiaba a discípulos tibios. "Prefiero verlos caliente o frío. Lo tibio me enferma del estómago." Pero, ¿por qué? Hacen más mal que bien porque tienden a criticar al que trabaja para evitar admitir que es flojo.

Un pastor, Ronaldo Hutchcraft, una vez ofreció una sugerencia buenísima que creo que puede curar los pecados de flojera y tibiera. Dijo que Jesús quiere que practiquemos la locura de querer causar una diferencia por haber vivido. Implica que alguien que dice que Jesús es su Señor y salvador, tiene que vivir deseando cambiar al mundo para Cristo. (Adaptado y traducido de: "Una Fe que Trabaja," <u>Dynamic Preaching</u>, Vol. XXIX, No. 4, pg. 40-41)

Hemos celebrado y celebraremos en noviembre los modelos de nuestras vidas: nuestros santos. Son canonizados y no canonizados. Nos han mostrado cómo vivir con el deseo de cambiar al mundo para Dios.

Al prepararnos para la fiesta de Cristo Rey el domingo que viene, hay que examinarnos y preguntarnos si otros podrán usar a nuestras vidas como ejemplos de buenos apóstoles, locos para cambiar al mundo en uno lleno del amor de Dios. ¿Somos héroes que otros podrán imitar?

El evangelio nos reta hoy, diciendo que los que trabajan para Dios pasarán por grandes dificultades porque el mundo no quiere oír Buenas Nuevas. Tendremos agonías, pérdidas de queridos, y fallaremos. Nada de esto nos debe desconcertar o desviar del camino del cambio. Un sueño es una meta mental que nos ayuda a motivarnos a cumplirlo. Si no nos preparamos, si nos falta la disciplina de cambiar al mundo, jamás seremos los modelos de apóstoles como fue Pablo.

Un apóstol es un maestro de la vida que aprendió por medio de un periodo de discipulado. Todos estamos llamados a ser 1º discípulos y 2º apóstoles. Venimos a misa como discípulos, alumnos de la Palabra y la voluntad de Dios. Saldremos como apóstoles, maestros enviados a poner en práctica lo que aprendimos: que Dios nos pide entregarnos completamente para cumplir su propia misión de convertir al mundo. ¿Estamos dispuestos o no?

En 1993 la película, En la línea del disparo, salió. Un agente del Servicio Secreto, o sea, protector del presidente, tenía pesadeces por 30 años, por no proteger a Kennedy al no brincar en la línea del disparo. En el momento clave de la película tuvo otra oportunidad de brincar en la línea del disparo al actual presidente. Esta vez lo salvó.

Los agentes del Servicio Secreto son elegidos porque saben que el valor del presidente al pueblo vale la pena de entregar su vida para salvarlo. En el Calvario, la situación es el reverso. El presidente, el rey del universo, se puso en la línea del disparo por nosotros. En la cruz vemos qué tan valerosos somos para Dios.

(Adaptado y traducido de, "El Rey que murió," Dynamic Preaching, Vol. XXII, No. 4, 2007, pg. 56)

CRISTO REY - ¿Nuestro corazón palpita con Cristo?

Siempre decimos que fuimos creados en la imagen y semejanza de Dios. Pero vivimos no creyéndolo porque si realmente viviéramos como si fuera verdadero este hecho, jamás maltratáramos unos a otros. ¿No creen? Al mandar a Cristo a la tierra, Dios nos dice, "Te amo más que sabes. Te amo tanto que mi hijo les va a enseñarlos a vivir y amar." La cruz es la señal de ese amor, y es la señal de la llamada a hacer como Dios ha hecho por nosotros.

Una joven estaba nadando en la orilla del mar. No se dio cuenta que el corriente la llevaba más y más lejos de la orilla. Cuando no podía tocar el fondo con sus dedos del pie, trató de regresar nadando con toda su fuerza. El corriente era más fuerte que ella, y le entró pánico. Se puso a gritar, "¡Socorro!" Un hombre la oyó y se metió para rescatarla. Él sabía navegar el corriente en paralelo a la orilla hasta que ya no tenía fuerza. La joven, temblando de frío, cansancio, y miedo, dijo, "Gracias por haberme salvado mi vida. El hombre dijo, no hay de qué, pero ahora vive tu vida como si merecieras haber sido salvado.

La cruz es la señal que Dios nos dice: "Vivan sus vidas como si merecieran haber sido salvados, que lo son." Espero que todos, cada vez que nos persignemos, que recordemos que, al bendecirnos, Dios nos ha salvado y quiere que vivamos como si creyéramos que es así. O sea, hay que vivir como quisiéramos ser recordados como el hombre a la chica.

En diciembre, 1997, un joven trajo una pistola a su escuela y mató a 7 de sus compañeros. Todos los padres de los alumnos vinieron con la oración de que no fuera su hijo. Una mamá descubrió que uno de los 7 era su hijo. Aunque estaba con pena y dolor, cuando le llamaron del hospital pidiendo permiso de usar sus órganos para salvar a otros, dijo que sí. Meces después descubrió la mamá que el corazón de su hijo había sido donado a un pastor. Ella le llama y se ponen de acuerdo de verse. Los 2 se sentaron a orar y celebrar la vida de su hijo. Antes de irse, la mamá le pidió al pastor poner su oído en su pecho para poder oír palpitar el corazón de su hijo una vez más. (ibid. pg. 59)

Cuando Dios quiere oír palpitar el corazón de su hijo, Dios se acerca a nuestro pecho. Se contenta al oírlo. ¿Está Cristo en nosotros o no? Cristo murió para que vivamos todos con él. ¿Qué se necesita hacer para se cumpla ese hecho? Vivir como si mereciéramos haber sido salvado o como quisiéramos ser recordados lo cumplirá.

Las vidas de todos valen a Dios. ¿Qué más necesitamos tener para creerlo? Pues, hay que tratar al otro, no importe su situación o aspecto, como si Dios mismo fuera esa persona. Eso es vivir justamente. Eso es vivir como Cristo, que nos llama a hacer cómo él.

El Beato Jesuita Miguel Agustín Pro fue fusilado el 23 noviembre, 1927. Lo acusaron falsamente de haber participado en un plan de asesinar al presidente. Con brazos abiertos como una cruz, y con rosario en mano, se paró en la línea del disparo de varios y murió gritando, "¡Viva Cristo Rey!" Hoy es la fiesta de Cristo Rey.

Si se presentara la ocasión, ¿pudiéramos hacer como el padre Pro? Sólo si nuestro corazón palpita con el de Cristo. Espero que di pueda. ¿Qué tal ustedes? Si sí, oiremos de Cristo, "Hoy gozaran del paraíso."